CATÓLICO,

PERO **NO**

ROMANO

CONSTRUYENDO UNA
IDENTIDAD PROTESTANTE

ANDRÉS MESSMER

EDITORIAL CLIE
C/ Ferrocarril, 8
08232 VILADECAVALLS
(Barcelona) ESPAÑA
E-mail: clie@clie.es
http://www.clie.es

CATÓLICO, PERO NO ROMANO
ISBN: 978-84-19779-62-5
Depósito legal: B 2077-2025
Iglesia cristiana
Historia
REL108020

Impreso en Estados Unidos de América / *Printed in the United States of America*

25 26 27 28 29 /TRM/ 9 8 7 6 5 4 3 2 1

Acerca del autor

Andrés Messmer, licenciado por Faith Baptist Bible College (Iowa, EE.UU.), tiene un máster en divinidades por el Phoenix Seminary (Arizona, EE.UU.) y un Doctorado por el Evangelical Theological Seminary (Lovaina, Bélgica). Entre otros cargos, es el decano académico del Seminario Teológico de Sevilla (Santiponce, España) y el editor de la Revista Evangélica de Teología (Alianza Evangélica Mundial). Sus principales áreas de interés son: la teología bíblica y sistemática, la liturgia, la bibliología, la Trinidad y la Reforma protestante española.

DEDICATORIA

A mi esposa, que pacientemente me ha escuchado, me ha desafiado y, consciente e inconscientemente, me ha obligado a volver a la Escritura en numerosas ocasiones.

A la Iglesia protestante en España y en todo el mundo hispanohablante. Abrazad la plenitud de vuestra identidad como católicos reformados.

AGRADECIMIENTOS

Me gustaría agradecer a Nick Needham, Daniel Eguiluz, Steven Griffin, Leonardo de Chirico y a mi esposa por la lectura del borrador previo de este trabajo y por sus útiles comentarios. También, me gustaría agradecer a Trini Bernal por traducir el libro.

ÍNDICE

TERCERA PARTE
CATOLICISMO REFORMADO

INTRODUCCIÓN

En el año 1559, herejes luteranos en Sevilla y Valladolid esperaban su ejecución en los *autos de fe* que resultaron del descubrimiento, por parte del gobierno español, de comunidades protestantes clandestinas dentro de sus fronteras. Sus últimas palabras, sin duda elegidas con sumo cuidado y acompañadas de la sinceridad y claridad que solo se obtienen al enfrentarse a la inminencia de la muerte, captan la esencia del protestantismo.

En Sevilla, Juan González y otros fueron conducidos al lugar de su martirio. "Al caer la tarde, una vez conducidos al lugar del suplicio los que habían de ser quemados, les piden que reciten el Símbolo de la fe, que ninguno dudó en recitar por sí mismo; pero cuando se llegó a aquello de 'creo la Santa Iglesia', les ordenan añadir 'Romana'. En este momento se pararon todos por unanimidad".[1] En Valladolid, la noche anterior a su *auto de fe*, le preguntaron a Carlos de Seso dónde aprendió la doctrina de la justificación, y él respondió que "oyó predicar públicamente la justificación, y que de ello infirió lo demás".[2] Estas dos historias captan el corazón del protestantismo: un rechazo de los elementos "romanos" de la Iglesia y el papel central de la justificación, de la que podrían "inferirse" otras doctrinas.

Los protestantes del siglo XVI rechazaron ciertas doctrinas que prevalecían en la Iglesia de su día, no porque

---

[1] Reinaldo GONZÁLEZ MONTES, *Artes de la santa Inquisición española*, 2ª ed., trad. Francisco RUIZ DE PABLOS (Sevilla: Cimpe, 2019), 237.

[2] José Ignacio TELLECHEA IDÍGORAS, *Tiempos recios. Inquisición y heterodoxias* (Salamanca: Ediciones Sígueme, 1977), 108.

fueran ignorantes o porque buscaran crear problemas, sino porque se consideraban herederos de la fe que "una vez fue dada a los creyentes" (Jd 3) y querían guardar lo que se les había encomendado (cf. 1 Tim 6:20), y al leer la Escritura y a los Padres de la Iglesia, vieron que la Iglesia de su día se había desviado de sus enseñanzas y prácticas originales, y que era necesario corregir su trayectoria. Pensaban que eran los verdaderos católicos y querían reformar la Iglesia y hacerla volver a sus raíces bíblicas y patrísticas. En este libro, me gustaría explicar cuáles eran algunas de las enseñanzas que querían reformar y demostrar que los católicos reformados (i.e., los protestantes) son herederos de la enseñanza escritural y tradicional de la Iglesia.

Me imagino que leer que los protestantes del siglo XVI se vieron como los "verdaderos católicos" y que los protestantes son "católicos reformados" puede resultar chocante para algunos lectores, así que permítanme explicar por qué estaré usando este lenguaje a lo largo del libro. Los católicos reformados somos "católicos" en el mejor sentido de la palabra: el término católico significa "universal" y se refiere a lo que se ha creído en todas partes, siempre y por todos, y desde una perspectiva histórica, se refiere a la doctrina y práctica de la Biblia y de la época patrística de la Iglesia, que abarca aproximadamente los primeros cinco siglos, y que puede extenderse para incluir aproximadamente el primer milenio. Así es como Casiodoro de Reina usó el término en la parte introductoria de su Biblia del Oso:

> Cuanto a lo que toca al autor de la traducción, si católico es, el que fiel y sencillamente cree y profesa lo que la santa madre Iglesia cristiana católica cree, tiene y mantiene, determinado por el Espíritu Santo, por los cánones de la divina Escritura, en los santos concilios y en los símbolos y sumas comunes de la fe, que llaman comúnmente el de los Apóstoles, el del Concilio niceno y el de Atanasio, católico es, e injuria manifiesta le hará quien no lo tuviere por tal (lenguaje ligeramente actualizado).

El debate que los protestantes mantuvieron con la Iglesia católica romana en el siglo XVI tuvo que ver precisamente con eso: quiénes eran los verdaderos católicos y quiénes se habían desviado de la Biblia y de la tradición de la Iglesia. Su protesta fue que ellos eran los verdaderos católicos y que la Iglesia católica romana se había desviado de la Biblia y de la tradición. De hecho, reformadores como Martín Lutero, Juan Calvino y Casiodoro de Reina se referían a sí mismos y a sus iglesias simplemente como católicos, y no como protestantes, porque no se veían principalmente como cristianos que protestaban de la Iglesia de su día, sino como buenos católicos que querían rescatar el pasado por el bien del presente y del futuro. La etiqueta "protestante" es muy inadecuada para describir nuestra identidad como cristianos, y es igual de limitante que "bautista" o "carismático": no describe la esencia del movimiento, sino la única diferencia que tiene con el grupo mayoritario. Si queremos construir una identidad duradera, tenemos que hacer algo mejor que entendernos como gente que protesta de la Iglesia católica romana. Lo que necesitamos es una visión de la totalidad de la enseñanza bíblica que sea lógica, comprensiva, coherente, satisfactoria y práctica. Esta visión se encuentra en la Biblia, la Iglesia patrística, en la mejor parte de la Iglesia medieval y en la Iglesia reformada, y es la que los protestantes tenemos que recuperar hoy. Se usa la expresión "católico reformado" para recordarnos ambas partes de nuestra identidad: somos herederos de las Escrituras y de la tradición de la Iglesia (católico) y nuestra doctrina y práctica ha sido, y siempre debería ser, reformada a la luz de las Escrituras (reformado). En este libro, usaré los términos protestante y católico reformado como sinónimos.

Al decir que somos herederos de las Escrituras y la tradición de la Iglesia, no estoy afirmando que el catolicismo reformado sea la Iglesia perfecta y la única tradición cristiana que acierta en algo sobre la Biblia. De hecho, como mostraré en la tercera parte del libro, los protestantes tenemos que hacer cambios importantes para reflejar más plenamente la verdad y el amor de Dios. Lo que sí quiero afirmar, en cambio, es que de las tres principales tradiciones cristianas —protestantismo, catolicismo romano y ortodoxia— el protestantismo es la que se acerca más a la verdad de la Biblia y de la tradición de la Iglesia en algunas de las doctrinas más importantes del cristianismo.

Comparar lo que estoy diciendo con la forma en que los católicos romanos entienden la ortodoxia y la herejía puede ayudar a ilustrar el punto. Según el catolicismo romano, la única verdadera Iglesia es la Iglesia católica romana, y todas las demás tradiciones, incluyendo la ortodoxia y el protestantismo, han abandonado la única y verdadera Iglesia porque son herejes y cismáticos. Una interpretación católica romana de la historia de la Iglesia puede ilustrarse de esta manera:

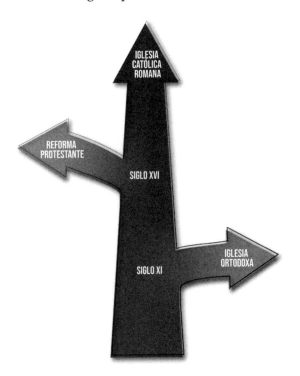

Sin embargo, según una interpretación católica reformada de la historia de la Iglesia, debido al trágico cisma de 1054 que dividió las ramas oriental y occidental de la Iglesia, no puede decirse que ninguna de las partes sea la única y verdadera Iglesia y, lo que es más, probablemente ambas se han alejado más del centro en un intento de distinguirse de la otra. En este contexto, el protestantismo se entiende como un movimiento de renovación dentro de la Iglesia occidental que intenta retroceder hacia el centro, en una alineación más estrecha con el cristianismo histórico y apostólico. Una vez más, no estoy afirmando que el catolicismo reformado sea perfecto, ni que sea el único heredero de la fe del Nuevo Testamento y de la Iglesia patrística, sino más bien que es la tradición que más se le acerca. Una interpretación católica reformada de la historia de la Iglesia puede ilustrarse de esta manera:

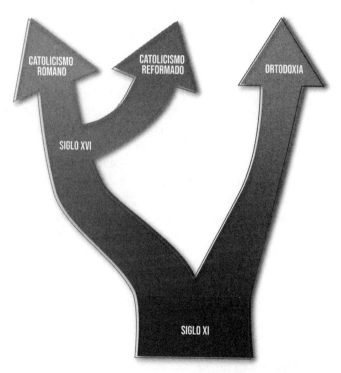

A quién va dirigido este libro

He escrito este libro pensando en las tres principales tradiciones cristianas.

Católicos reformados. Ante todo, este libro está escrito para los católicos reformados. Específicamente, tengo en mente a los protestantes de habla hispana porque creo que carecemos de identidad y autocomprensión: a menudo nos vemos como anti católicos romanos y somos muy reaccionarios a cualquier enseñanza y práctica que suene o parezca "católica", pero más allá de eso, realmente no sabemos quiénes somos. Esto no es en absoluto culpa nuestra: las cosas son como son en gran parte debido a factores históricos y políticos, como la Inquisición española y su increíble eficiencia para acabar con la disidencia. No obstante, creo que ha llegado el momento de que los protestantes reflexionemos sobre quiénes somos aparte de ser anti católicos romanos, y comprendamos por qué somos católicos reformados y no otra cosa.

Me preocupa que el protestantismo en el mundo de habla hispana esté perdiendo algunas de sus mejores mentes en favor de otras tradiciones debido a la falsa suposición de que el protestantismo carece de una credibilidad intelectual que otras tradiciones pretenden tener, especialmente con respecto a la enseñanza histórica de la Iglesia sobre cuestiones clave. Lo que espero demostrar es que los católicos reformados no solo tenemos el mejor argumento para ser los verdaderos herederos de la Escritura —lo que debería ser el argumento más importante de todos— sino también para ser los verdaderos herederos de la Iglesia patrística, así como una importante rama de la Iglesia medieval. Lo que rechazamos son los abusos de algunas corrientes del pensamiento medieval que alejaron a la Iglesia de sus raíces escriturales y patrísticas.

En el siglo XIX, John Henry Newman, posiblemente el converso más famoso del protestantismo al catolicismo romano, bromeó célebremente: "Profundizar en la historia es dejar de ser protestante". Sin embargo, como pretendo demostrar en este libro, se trata de una afirmación escandalosamente exagerada que suele convencer a personas que saben poco sobre la historia de la Iglesia. En respuesta a Newman, me gustaría hacer dos postulados en contra: "Profundizar en la historia es dejar de ser católico romano" y, lo que es más importante: "Profundizar en la Escritura es dejar de ser católico romano". Mi intención no es polemizar, sino exponer claramente la evidencia tal como yo y muchos otros la vemos: el catolicismo reformado es la tradición cristiana más fiel a las Escrituras y a la historia de la Iglesia. No debemos tener miedo ante las acusaciones de otras tradiciones cristianas, porque en muchas áreas, la evidencia está a nuestro favor.

Católicos romanos. En segundo lugar, mientras escribía este libro he pensado en los católicos romanos. No tengo polémicas en mente, pero debido a la naturaleza del tema, será imposible evitarlas: nuestro trasfondo es la Iglesia católica romana y prácticamente todo lo que nos hace únicos se entiende mejor en contraste con el catolicismo romano. Para los católicos romanos que lean este libro, espero que sirva para eliminar los malentendidos sobre el protestantismo y para mostrar la coherencia de la posición católica reformada. Aunque mi objetivo principal no es convertir a católicos romanos al protestantismo, creo que muchos lectores encontrarán estos argumentos elocuentes, y quizá incluso convincentes. Deben saber que la única opción de ser cristiano no es el catolicismo romano, sino que existe otra tradición que también es católica, pero no romana, porque ha sido reformada a la luz de las Escrituras y la mejor parte de la tradición de la Iglesia. También deben saber que el protestantismo no es algo extranjero a la historia española: las numerosas citas de reformadores españoles que he incluido a lo largo del libro demuestran que ser hispano y ser protestante no es una contradicción de términos, y si no fuera por la intervención de fuerzas políticas, quizás habría sido una realidad en muchos países de habla hispana.

Ortodoxos. En tercer lugar, espero que los ortodoxos lean este libro, aunque todavía no hay muchos en el mundo hispanohablante. Una manera de entender el fenómeno del protestantismo es ver a los ortodoxos como precursores orientales de los protestantes occidentales. Cientos de años antes de la Reforma protestante, la Iglesia occidental estaba siendo criticada por la Iglesia oriental por muchos de sus abusos y novedades doctrinales. De este modo, el catolicismo reformado puede verse como un movimiento dentro de la Iglesia occidental que coincide con muchas de las protestas que la Iglesia oriental había venido planteando a lo largo de la Edad Media. A continuación, se muestra un cuadro de catorce doctrinas y prácticas que los reformadores protestantes tenían en común con los ortodoxos contra la Iglesia católica romana del siglo XVI:

TEMA	CATOLICISMO ROMANO	ORTODOXIA	CATOLICISMO REFORMADO
MISA SOLO EN LATÍN	SÍ	NO	NO
BIBLIA SOLO EN LATÍN *[VULGATA]*	SÍ	NO	NO
SACERDOTES CÉLIBES	SÍ	NO (SÍ PARA LOS OBISPOS)	NO
PRIMACÍA PAPAL	SÍ	NO	NO
INFALIBILIDAD PAPAL (SE CONVIRTIÓ EN DOGMA EN 1870)	SÍ	NO	NO
EL PAPA TIENE MÁS AUTORIDAD QUE UN CONCILIO ECUMÉNICO	SÍ	NO	NO
EL PAPA TIENE TODO EL PODER ESPIRITUAL Y TEMPORAL	SÍ	NO	NO
PURGATORIO (COMO UN LUGAR DE SUFRIMIENTO PROLONGADO)	SÍ	NO	NO
TRANSUSTANCIACIÓN (ARTICULACIÓN DE ESTE MODO ESPECÍFICO DE LA PRESENCIA DE CRISTO EN LA EUCARISTÍA)	SÍ	NO	NO
INMACULADA CONCEPCIÓN DE MARÍA	SÍ	NO	NO
INDULGENCIAS	SÍ	NO	NO
TESORO DE MÉRITOS	SÍ	NO	NO
COMUNIÓN RESTRINGIDA SOLO AL PAN (SIN VINO PARA LOS LAICOS)	SÍ	NO	NO
LOS APÓCRIFOS COMO ESCRITURA	SÍ	NO (PERMANECE EN SILENCIO)	NO

Si miran de nuevo la imagen de la interpretación católica reformada de la historia de la Iglesia, verán que no he separado a la ortodoxia del centro tanto como lo hice con el catolicismo romano. Ha sido deliberado, porque creo que han permanecido más cerca de las verdades centrales del cristianismo que el catolicismo romano. El hecho de que los protestantes hayan llegado a su doctrina basándose principalmente en la exégesis de las Escrituras y que los ortodoxos hayan mantenido su doctrina basándose principalmente en la tradición, es un argumento convincente de que estas dos ramas del cristianismo están en el buen camino.

Es importante entender que no estoy proponiendo que el protestantismo y la ortodoxia sean el mismo movimiento, uno principalmente en occidente y otro en oriente. La situación es mucho más complicada: hay algunas doctrinas que católicos romanos y católicos reformados tienen en común en contra de la ortodoxia, como la cláusula *filioque,* un compromiso básico con el agustinismo y la expiación penal sustitutoria, y otras doctrinas que católicos romanos y ortodoxos tienen en común contra los protestantes, como la veneración de iconos, los siete sacramentos, el papel de la Tradición, una mariología avanzada y la invocación de los santos.

No obstante, lo que sí estoy diciendo es que muchas de las cuestiones por las que protestaron los católicos reformados en el siglo XVI (y por las que seguimos protestando hoy en día) eran cuestiones por las que los ortodoxos ya habían protestado varios siglos antes. Católicos reformados y ortodoxos tienen tanto en común que creo justo decir que el protestantismo es una versión occidental de la ortodoxia. De nuevo, no estoy diciendo que sean la misma cosa en diferentes partes del mundo, sino más bien que hay suficiente coincidencia entre ambos como para que se reconozcan mutuamente como iglesias verdaderas —a pesar de que factores históricos, culturales y políticos hagan parecer que son muy diferentes— que comparten una visión parecida sobre muchos temas fundamentales como Dios, la salvación y la Iglesia. Con Lesslie Newbigin, digo: "Estoy bastante seguro de que la recuperación de la integridad de la Iglesia debe descansar en gran medida en lo que los ortodoxos tienen que enseñarnos".[3]

Con estos comentarios introductorios en mente, podemos entrar en la primera parte del libro, en la que veremos que el protestantismo está arraigado en el primer milenio de la tradición de la Iglesia, y, por tanto, es igual de "católico" que cualquier otra tradición cristiana.

---

[3] Lesslie NEWBIGIN, *The Household of God: Lectures on the Nature of Church* (Eugene, OR: Wipf & Stock, 1953/2008), 10. Además, hay que recordar que T. F. Torrance, cuya ortodoxia reformada no puede cuestionar nadie, estaba pletórico cuando fue nombrado proto presbítero honorario en el Patriarcado de Alejandría, y dijo que podía "prever el día en que habrá una sola Iglesia ortodoxa sirviendo a griegos, etíopes y coptos, y reformados" (citado en Matthew BAKER "The Correspondence between T. F. Torrance and Georges Florovsky [1950—1973]", en Matthew BAKER y Todd SPEIDELL [eds.], *T. F. Torrance and Eastern Orthodoxy: Theology in Reconciliation* [Eugene, OR: Wipf & Stock, 2015], 317–318).

PRIMERA PARTE
CATÓLICO

En la primera parte del libro, me gustaría centrarme en las coincidencias entre católicos romanos y católicos reformados, y proporcionar a los católicos reformados una forma de discernir entre las partes de la historia de la Iglesia que son buenas y aquellas que son malas. En el mundo de habla hispana, las muchas similitudes entre el catolicismo romano y el catolicismo reformado a menudo son subestimadas, lo que lleva a ambas partes a pensar que están más alejadas la una de la otra de lo que en realidad están. Así mismo, muchos protestantes se ponen a la defensiva cuando oyen hablar de historia y tradición de la Iglesia, pensando que es "católica" y, por tanto, de algún modo, automáticamente mala. Por tanto, la primera parte del libro es mi intento de mostrar lo mucho que tenemos en común con los católicos romanos y ortodoxos.

CAPÍTULO 1

¿Cómo discierne la Iglesia entre ortodoxia y herejía?

Antes de poder argumentar sobre la naturaleza del catolicismo reformado, debemos plantearnos la pregunta fundamental: ¿Cómo discierne la Iglesia entre ortodoxia y herejía? Es decir, ¿cómo decide la Iglesia lo que es doctrina correcta, y lo que no? Después de todo, antes de que la Iglesia pueda decir que algo es ortodoxo y otra cosa herejía, debe tener criterios que utilizar para hacer tales distinciones. Primero veamos cómo los católicos romanos lo hacen, y después cómo los católicos reformados lo hacemos.

La Iglesia católica romana

Según la declaración oficial sobre la revelación divina que fue promulgada en el Concilio Vaticano II, la Iglesia católica romana no solo se basa en la Escritura para decidir qué es doctrina correcta, sino también en la Tradición y en el Magisterio (nótense las "T" y "M" mayúsculas). Para nuestro propósito aquí, podemos definir la interpretación católica romana de estos tres términos como sigue: la Escritura se refiere a la misma Biblia que tenemos los protestantes, más siete libros adicionales que nosotros llamamos "apócrifos" y algunas adiciones a los libros canónicos de Daniel y Ester, la Tradición se refiere a la enseñanza histórica de los obispos difuntos de la Iglesia y el Magisterio se refiere a la enseñanza actual de los obispos vivos de la Iglesia.

Esta declaración oficial, llamada *Dei verbum* ("La Palabra de Dios"), dice lo siguiente sobre la Escritura, la Tradición y el Magisterio[4]:

> La Tradición y la Escritura están estrechamente unidas y compenetradas; manan de la misma fuente, se unen en un mismo caudal, corren hacia el mismo fin. [...] Por eso la Iglesia no saca exclusivamente de la Escritura la certeza de todo lo revelado. Y así ambas se han de recibir y respetar con el mismo espíritu de devoción. La Tradición y la Escritura constituyen el depósito sagrado de la palabra de Dios, confiado en la Iglesia. [...] El oficio de interpretar auténticamente la palabra de Dios, oral o escrita, ha sido encomendado sólo al Magisterio vivo de la Iglesia, el cual lo ejercita en nombre de Jesucristo. [...] Así, pues, la Tradición, la Escritura y el Magisterio de la Iglesia, según el plan prudente de Dios, están unidos y ligados, de modo que ninguno puede subsistir sin los otros. (§9–10)

En resumen, la Iglesia católica romana entiende que la Escritura y la Tradición tienen la misma autoridad y que el Magisterio es su intérprete oficial. Esta trinidad de autoridades es lo que usan para discernir entre ortodoxia y herejía.

La Iglesia católica reformada

Los protestantes no estamos en completo desacuerdo con lo que la Iglesia católica romana enseña sobre este importante tema: nosotros también incluimos la Escritura, la tradición y el magisterio como tres fuentes de autoridad para discernir entre ortodoxia y herejía, pero tenemos una manera diferente de entender su relación (nótense las "t" y "m" minúsculas).

Los católicos reformados afirmamos que la Escritura y la tradición son de suprema importancia, y en esto, estamos

---

[4] Ver *Documentos del Vaticano II. Constituciones, decretos, declaraciones*, 37ª ed. (Madrid: Biblioteca de Autores Cristianos, 1982), 113–133.

siguiendo a la Iglesia primitiva. Según se lee en los Padres de la Iglesia y en los documentos publicados en los primeros concilios ecuménicos, los criterios que la Iglesia utilizaba para distinguir entre ortodoxia y herejía eran la Escritura y la tradición. En cuanto al magisterio, por el mero hecho de que los clérigos vivos eran los que leían e interpretaban la Biblia y las obras de sus predecesores y componían los credos ecuménicos, los cánones y las definiciones, se daba por sentado que existía cierto tipo de magisterio (ya que los católicos reformados no tenemos la costumbre de usar el término "magisterio", usaré la frase "nuestros ministros actuales" para referirme a la misma realidad).

Así pues, los católicos reformados no discutimos estas tres fuentes de autoridad en la Iglesia, sino más bien su autoridad relativa. A diferencia de la Iglesia católica romana, los protestantes entendemos que la Escritura goza de una autoridad única e incomparable en la Iglesia, y que la tradición y nuestros ministros actuales están supeditados a ella. Hay varias razones por las que hemos llegado a esta conclusión, pero hay una que sobresale del resto: 2 Timoteo 3:16 dice que "Toda Escritura es inspirada por Dios" y, sencillamente, no hay otra persona o escrito que goce de una conexión tan inmediata con Dios mismo (cf. 2 Pd 1:19–21). Con la Iglesia histórica, creemos que lo que dice la Biblia, lo dice Dios, de manera que podemos decir que la Biblia es la misma palabra de Dios. Al decir esto, no estamos negando que Dios siga obrando en la Iglesia. Por el contrario, entendemos que el Espíritu está muy activo y hablamos a menudo de su providencia y guía. Sin embargo, lo que sí negamos es que Dios haya inspirado otros textos como hizo con la Escritura y que, por no haberlo hecho, todo lo demás carece de esta relación inmediata con Dios y tiene menos autoridad que la Escritura e incluso puede contener errores. Es de esta manera que el lema protestante "sola Escritura" debe entenderse. La intención nunca fue rechazar por completo otras fuentes de autoridad, como la tradición y nuestros ministros actuales —algunos han llamado a esta postura extrema *solo Scriptura* o *nuda Scriptura*—, sino más bien ponerlas en su orden correcto: la Escritura va primero, con la tradición y nuestros ministros actuales siguiéndola como sirvientes.

En cuanto a la relación entre la tradición pasada y nuestros ministros actuales, los católicos reformados solemos valorar la tradición de la Iglesia —especialmente si ha sido aceptada en muchas partes, por mucho tiempo y por mucha gente— más de lo que confiamos en nosotros mismos y en la generación actual de ministros. En otras palabras, los protestantes solemos tomar como punto de partida la enseñanza cristiana histórica, más que las interpretaciones modernas de la Escritura. Con ello, nos esforzamos por ejercer humildad hermenéutica. Esto no significa que la tradición no puede ser aclarada, e incluso corregida ocasionalmente, sino que nos consideramos administradores de una tradición viva que nos ha sido transmitida, y no dueños de una tradición muerta que podemos alterar a nuestro antojo.

Esta forma de ordenar las tres fuentes de autoridad —con la Escritura en primer lugar, seguida de la tradición y nuestros ministros actuales— no fue una novedad introducida en el siglo XVI por los protestantes que querían rebelarse contra la Iglesia occidental, sino más bien la manera en que la Iglesia primitiva entendía la relación entre estas tres fuentes de autoridad. Para aportar solo un ejemplo, he aquí las palabras que Agustín escribió en su debate con los donatistas, que querían basar su postura más en una tradición minoritaria de la Iglesia, que en las Escrituras y la tradición mayoritaria:

> Vosotros acostumbráis a objetarnos la carta de Cipriano, la opinión de Cipriano, el concilio de Cipriano: ¿por qué os agarráis a la autoridad de Cipriano en pro de vuestro cisma y rechazáis su ejemplo en pro de la paz de la Iglesia? Pero ¿quién ignora que la santa Escritura canónica, tanto del Antiguo como del Nuevo Testamento, está contenida en sus

propios límites, y que debe ser antepuesta a todas las cartas posteriores de los obispos, de modo que a nadie le es permitido dudar o discutir sobre la verdad o rectitud de lo que consta está escrito en ella? En cambio, las cartas de los obispos, de ahora o de hace tiempo, pero cerrado ya el canon de la Escritura, pueden ser corregidas por la palabra quizá más sabia de alguien más perito en la materia, por una autoridad de más peso o la prudencia más avisada de otros obispos, o por un concilio, si en ellas se encuentra alguna desviación de la verdad. Incluso los mismos concilios celebrados en una región o provincia deben ceder sin vacilaciones a la autoridad de los concilios plenarios reunidos de todo el orbe cristiano. Y estos concilios plenarios a veces son corregidos por otros concilios posteriores, cuando mediante algún descubrimiento se pone de manifiesto lo que estaba oculto o se llega al conocimiento de lo que estaba oscuro.[5]

A partir de este texto, podemos hacer tres importantes observaciones. En primer lugar, Agustín coloca la Escritura en una categoría única, superior a las demás autoridades (algo que repite en *Ep.* 28 y 82). En segundo lugar, hace la sorprendente afirmación de que incluso los concilios plenarios pueden errar y, de hecho, lo habían hecho ya en su época. Al contrario, dice de las Escrituras que "a nadie le es permitido dudar o discutir sobre la verdad o rectitud de lo que consta está escrito en ella". En tercer lugar, articula una cadena de autoridad, que asciende de la siguiente forma: obispos, personas más sabias y obispos más doctos, concilios regionales y provinciales, concilios plenarios, la Escritura. Lo que Agustín dice aquí encuentra eco en otros autores patrísticos y es lo que los católicos reformados seguimos afirmando hoy: la Escritura es única (sola Escritura) y es servida por la tradición y por nuestros ministros actuales.

Una de las mejores declaraciones breves sobre cómo entendemos los católicos reformados la relación entre

---

[5] Agustín, *Sobre el bautismo*, 2.3 (trad. disponible online: www.augustinus.it).

Escritura y tradición la dio Juan Díaz, un brillante protestante de Cuenca cuya vida se vio truncada porque su hermano le mandó asesinar por hacerse protestante. Pocos días antes de su prematuro final, escribió una obra, titulada "Suma de la religión cristiana", en la que articulaba algunos de los fundamentos del verdadero culto. En la sección sobre la doctrina, los sacramentos y el orden eclesiástico, escribió lo siguiente:

> La enseñanza es lo primero en esta ordenación, y con razón, puesto que es la base y el fundamento de las otras partes, y por medio de ella comprendemos los escritos de los Profetas y de los Apóstoles, esto es, los libros canónicos del Antiguo y del Nuevo Testamento. Estos divinos oráculos de Dios inspirados por el Espíritu Santo, mediante los que Dios se manifestó, siguiendo un admirable designio, a toda la Tierra, son el fundamento, la roca y la base sobre la que se ha edificado la Iglesia de Dios en la mismísima piedra angular suprema, Cristo Jesús; y en estos textos están contenidos de modo pleno y perfecto todo lo que es útil y necesario para nuestra justicia y salvación. De igual manera, aceptamos tres símbolos —el Apostólico, el Niceno y el de Atanasio— como abreviación de los textos proféticos y apostólicos. También los cuatro grandes concilios: de Nicea, de Constantinopla, de Éfeso y de Calcedonia, y otros, en la medida en que están de acuerdo con la Sagrada Escritura y si sus enseñanzas y decretos están apoyados en la Sagrada Escritura. Por último, queremos que dentro de la enseñanza se incluyan a los escritores eclesiásticos ortodoxos y santos Padres: Tertuliano, Cipriano, Ambrosio, Agustín, Jerónimo, etc.; pero en la medida en que ellos quieren ser reconocidos y leídos y en que su opinión tiene el refrendo de la Escritura.[6]

Me gustaría destacar dos cosas de esta cita de Díaz (más tarde veremos otros aspectos). En primer lugar, Díaz traza

---

6   Ignacio GARCÍA PINILLA (ed.), *Francisco de Enzinas. Verdadera historia de la muerte del santo varón Juan Díaz, por Claude de Senarclens* (Cuenca: Ediciones de la Universidad de Castilla-La Mancha, 2008), 298–301 (texto ligeramente modificado).

una clara línea divisoria entre la Escritura, por un lado, y los credos, los concilios y los Padres de la Iglesia, por otro. Para él —y para los católicos reformados de todo el mundo— no hay credo, concilio o autor que goce de autoridad independiente aparte de la Escritura: los credos son una "abreviación" de la Escritura, los concilios "están de acuerdo" con la Escritura y los Padres tienen el "refrendo" de la Escritura. Dicho de otro modo, si alguna vez hubiera un desacuerdo entre la Escritura y un credo, concilio o Padre, la Escritura siempre estaría en lo correcto. Esta es la interpretación protestante de sola Escritura. En segundo lugar, dice que acepta a los Padres "en la medida en que ellos quieren ser reconocidos y leídos". Lo que Díaz está señalando es el hecho de que los mismos Padres no pensaban que sus escritos tuvieran la misma autoridad que la Escritura y, por lo tanto, tampoco deberíamos pensarlo nosotros. La anterior cita de Agustín es un ejemplo patrístico de esto, así como Ambrosio, que dijo: "No quiero que nos creáis a nosotros: que se lea la Escritura",[7] así como Cirilo de Jerusalén, que dijo:

> Los divinos y santos misterios de la fe, ni por casualidad deben transmitirse sin el apoyo de la Escritura divina; ni deben presentarse a la buena de Dios con apariencias de verdad y artificio de palabras. Ni siquiera a mí que te estoy diciendo estas cosas, me prestes asentimiento sin más, si no te demuestro con la divina Escritura las verdades que se te anuncian. Que esta salvación propia de nuestra fe no proviene de la verborrea, sino de la demostración que se sustenta en la divina Escritura.[8]

De este modo, cuando los católicos reformados sometemos la tradición a la Escritura, solo estamos haciendo lo que los

---

[7] Ambrosio, *El misterio de la Encarnación del Señor*, ed. y trad. Carlos GRANADOS GARCÍA y Víctor SOLDEVILLA MANRIQUE (Madrid: Ciudad Nueva, 2005), 32 (3.14).

[8] Cirilo de Jerusalén, *Catequesis*, ed. Jesús SANCHO BIELSA (Editorial Ciudad Nueva, 2006), 103 (4.17; cf. 12:5).

Padres nos han pedido que hagamos: someter sus palabras a la Escritura, mantener lo correcto y desechar lo erróneo.

Ahora que hemos articulado la interpretación católica reformada de la forma en que los cristianos deciden lo que es "católico", podemos ver lo que la Iglesia ha conseguido con estos criterios, que es lo que veremos en el capítulo dos.

Excursus sobre el término "tradición"

Para algunos cristianos, será necesario decir algo sobre cómo algunas tradiciones cristianas han entendido la palabra "tradición" en relación con la enseñanza de los Apóstoles. Basándose en pasajes como 2 Tesalonicenses 2:15, que dice: "Así que, hermanos, estad firmes y retened las tradiciones que os hemos enseñado personalmente o por carta",[9] algunos afirman que, además de la Escritura, los Apóstoles trasmitieron verbalmente a la Iglesia ciertas enseñanzas y prácticas que son de igual autoridad que la Biblia escrita. En otras palabras, cuando hablamos de la tradición apostólica, deberíamos hablar de Tradición con "T" mayúscula porque viene de la misma fuente apostólica.

Estas supuestas enseñanzas apostólicas como hacer la señal de la cruz, orar hacia el este e imponer las manos tras el bautismo no son necesariamente erróneas e incluso pueden ser edificantes. Como católicos reformados, en la medida en que pudiera probarse que estas enseñanzas y prácticas son de origen apostólico y de acuerdo con la Escritura, probablemente podríamos tenerlas como autoritativas en cierto sentido (suponiendo, por supuesto, que no estamos hablando

---

[9] Traducción ligeramente modificada por el autor. En el griego, la palabra traducida como "doctrina" en la RV20 (τὰς παραδόσεις) tiene un rango de significados, uno de los cuales es "tradición" (e.g., Gl 1:14; Col 2:8).

de casos como el de Pedro y Pablo en Gl 2:11–14, en el que Pedro está enseñando algo equivocado).

Sin embargo, los protestantes no aceptamos la tradición oral como autoritativa al mismo nivel que la Escritura por la sencilla razón de que dudamos que se pueda comprobar que dicha tradición oral es de origen apostólico, lo que abre la puerta a que se incluyan como "apostólicas" algunas enseñanzas y prácticas que en realidad no lo eran. En algunos casos de supuesta tradición apostólica, hay un espacio de tiempo de siglos entre la época apostólica y cuando supuestamente estas tradiciones fueron puestas por escrito por primera vez. Por ejemplo, en el caso de la veneración de iconos (cf. el cap. siete), hay una brecha de unos seis siglos entre la época de los Apóstoles y las primeras afirmaciones escritas de que esta era una práctica apostólica. Resulta increíble que una práctica litúrgica tan importante quedara sin registrar durante medio milenio antes de que alguien finalmente la mencionara por escrito. Este no es un caso aislado, sino que ocurre con otros testimonios de supuesta tradición apostólica: alguien dice que cierta tradición es de origen apostólico cuando realmente sabemos que no es el caso.

No digo que los primeros cristianos mintieran acerca de la enseñanza apostólica para reforzar sus argumentos (aunque puede que algunos lo hicieran), sino más bien que no siempre fueron todo lo rigurosos históricamente que podrían haber sido, y que eran propensos a aceptar como apostólicas algunas enseñanzas y prácticas que manifiestamente no lo eran. En definitiva, los católicos reformados tratamos esta tradición oral con respeto, y algunos pueden optar por seguirla porque la consideran buena y edificante, pero no la elevamos al mismo nivel que la Escritura. Insistimos en que la Escritura es inspirada por Dios (2 Tim 3:16), y no las tradiciones apostólicas, sean auténticas o no.

CAPÍTULO 2

Nuestra herencia común
Primeros mil años de cristianismo

En el capítulo anterior vimos que la Iglesia católica romana entiende que la Escritura, la Tradición y el Magisterio comparten un mismo peso de autoridad, mientras que los protestantes entendemos que la Escritura es única en su autoridad y que la tradición y nuestros ministros actuales están subordinados a ella. Teniendo esto en cuenta, podemos ahora observar lo que la Iglesia consiguió con esta metodología en los primeros siglos de su existencia. Lo que espero mostrar es que, aunque católicos romanos y católicos reformados tenemos una forma diferente de entender la relación entre la Escritura, la tradición y nuestros ministros actuales, hemos llegado a las mismas conclusiones en un gran número de doctrinas muy importantes, especialmente aquellas relacionadas con la Trinidad y la Encarnación.

El consenso patrístico

Cuando los católicos reformados leemos las Escrituras y a los Padres, esencialmente llegamos a las mismas conclusiones que los católicos romanos y los ortodoxos: los credos y concilios ecuménicos de los cinco primeros siglos interpretaron correctamente las Escrituras. Las tres principales confesiones de fe protestantes del siglo XVI —luterana, reformada y anglicana— aceptaron

estos concilios ecuménicos y credos: los concilios de Nicea
I (325), Constantinopla I (381), Éfeso (431) y Calcedonia
(451), y los credos apostólico, niceno y de Atanasio. Más específicamente en nuestro contexto hispanohablante, muchos
protestantes españoles hicieron lo mismo, como Constantino de la Fuente, Juan Díaz, Casiodoro de Reina, Antonio
del Corro, Cipriano de Valera y Jaime Salgado (ver el *Excur-
sus* al final del capítulo). La doctrina contenida en estos credos y concilios resume lo que comúnmente se conoce como
el consenso patrístico, que es la cosecha doctrinal de los
aproximadamente cinco siglos de la Iglesia. En el siguiente
párrafo, trataré de resumir este consenso, que trata especialmente la Trinidad y la Encarnación.[10]

A riesgo de simplificar demasiado, la Iglesia primitiva hizo cuatro afirmaciones doctrinales principales. En
primer lugar, afirmó que existe una distinción clara y firme entre Dios y su creación. Dios no es solo cuantitativa-
mente más grande y mejor que su creación —existiendo
Dios y la creación en una gran cadena de existencia en la
que Dios está separado de su creación solo por grados de
grandeza—, sino que es cualitativamente distinto de su
creación, y lo es así de manera infinita, existiendo Dios
y la creación en dos esferas de existencia completamente
distintas. Para utilizar una ilustración bastante básica, podríamos pensar en una hoja de papel con la palabra "Dios"
escrita en la parte superior y la palabra "creación" escrita
en la parte inferior, con una sólida línea horizontal que
pasa por el centro de un lado al otro, separando las dos.
Esta línea representa la separación de dos cosas cualitativamente diferentes: el Dios infinito arriba y la creación
finita abajo. En segundo lugar, afirmó que Jesucristo es
plenamente Dios. Una forma de decir esto es decir que

---

[10] Por razones de espacio, no resumiré los cánones que fueron apro-
bados en los concilios ecuménicos.

todo lo que el Padre es, lo es el Hijo, excepto que el Padre engendra y el Hijo es engendrado. Volviendo a nuestra ilustración anterior, pondríamos al Hijo de Dios por encima de la línea con el Padre, y no por debajo de ella con la creación. En tercer lugar, afirmó que Jesucristo es plenamente humano, y que su divinidad y su humanidad no se confunden, cambian, dividen ni separan. Una manera de decirlo es decir que el Hijo de Dios llegó a ser todo lo que el hombre es, excepto que no tenía pecado, y que no había dos personas, sino una. De nuevo, para usar nuestra ilustración, el Hijo de Dios cruzó la línea horizontal y se hizo humano, sin dejar nunca de ser Dios. En cuarto lugar, afirmó que el Espíritu Santo es plenamente Dios. Volviendo a lo que dijimos sobre la identidad del Hijo, la Iglesia primitiva afirmó que todo lo que el Padre es, lo es el Espíritu, salvo que el Padre espira y el Espíritu es espirado.[11] Volviendo a nuestra ilustración, el Espíritu pertenece a la zona superior de la línea horizontal, con el Padre y el Hijo, y no a la inferior con la creación.

De estas grandes afirmaciones doctrinales tratan los primeros cuatro concilios ecuménicos y los tres credos ecuménicos. Los dos primeros concilios ecuménicos afirmaron la distinción entre Dios y el resto de la creación y la plena deidad del Hijo y del Espíritu, y los dos siguientes la plena humanidad del Hijo y la unidad de su persona. En cuanto a los credos ecuménicos, el apostólico y el niceno tienen una estructura y un contenido similares, aunque este último es una declaración más completa. Ambos tienen una estructura

---

[11] Los términos "espirar" y "proceder" son las mejores palabras que la Iglesia ha encontrado para articular la forma particular en que el Espíritu procede del Padre, que es similar, aunque distinta, de la forma en que el Hijo es engendrado por el Padre. Para no complicar el argumento, no voy a entrar en los detalles sobre la relación entre el Hijo y el Espíritu, ni en la diferencia entre generar y espirar.

trinitaria y se dividen en tres secciones, cada una de las cuales analiza cada persona de la Trinidad y su obra específica. El Credo de Atanasio tiene una estructura diferente: además de afirmar las verdades trinitarias de los otros dos credos, incluye las ideas del tercer y cuarto concilio ecuménico sobre las dos naturalezas de Cristo y su plena humanidad. En síntesis, estos tres credos resumen la enseñanza de los cuatro primeros concilios ecuménicos.

Tras la aceptación del Credo niceno en el Concilio de Constantinopla en el año 381, la Iglesia quedó tan satisfecha con él que consideró innecesario publicar más credos y, en su lugar, comenzó a publicar "definiciones" para aclarar cualquier parte que pudiera generar debate. De este modo, el Credo niceno llegó a ser reconocido como *el* credo de la fe cristiana, y el que aún hoy une a cristianos católicos romanos, católicos reformados y ortodoxos. Debido a su importancia universal, reproduzco el texto aquí (volveremos a él en el siguiente capítulo):

> Creemos en un solo Dios, Padre todopoderoso, creador de cielo y tierra, de todo lo visible y lo invisible; y en un solo Señor, Jesucristo, Hijo único de Dios, engendrado del Padre antes de todos los siglos; Dios de Dios, luz de luz, Dios verdadero de Dios verdadero, engendrado, no creado, de la misma sustancia que el Padre, por quien todo fue hecho; por nosotros los hombres y por nuestra salvación bajó del cielo, por obra del Espíritu Santo se encarnó de María, la Virgen, y se hizo hombre. Por nuestra causa fue crucificado bajo Poncio Pilato: padeció y fue sepultado, y resucitó al tercer día según las Escrituras, subió al cielo y está sentado a la derecha del Padre; de nuevo vendrá con gloria para juzgar a los vivos y a los muertos, y su reino no tendrá fin. Y en el Espíritu Santo, Señor y dador de vida, que procede del Padre, que con el Padre y el Hijo recibe una misma adoración y gloria, y que habló por los profetas. Y en la Iglesia, una, santa, católica y apostólica. Reconocemos un solo bautismo para el perdón

de los pecados y esperamos la resurrección de los muertos y la vida del mundo futuro. Amén.[12]

Además de este consenso doctrinal, conviene mencionar brevemente el consenso litúrgico y ético. En cuanto al consenso litúrgico, aunque había muchas variaciones regionales, la Iglesia primitiva practicaba una liturgia básica en dos partes, Palabra y Santa cena, centrándose la primera en la lectura y predicación de la Palabra de Dios, y la segunda en la eucaristía, con varias oraciones, doxologías, canciones y otros elementos litúrgicos salpicados. Este énfasis en la Palabra y en la Santa cena es plenamente aceptado por los católicos reformados y, en algunas tradiciones como la anglicana y la luterana, gran parte de la antigua estructura litúrgica también se ha mantenido. En cuanto al consenso ético, la Iglesia primitiva obtuvo su ética básica de tres textos bíblicos principales: El Padrenuestro, el Sermón del Monte y los Diez Mandamientos. Esto les llevó a rechazar muchos males como el asesinato, el aborto, la violencia gratuita como la de los juegos de gladiadores, el adulterio, la homosexualidad, el robo, el secuestro, la mentira e incluso los pecados de pensamiento como el odio y la lujuria, así como a promover muchas cosas como la paz, la bondad de la familia, la crianza de los hijos, dar a los pobres, cuidar de los enfermos, ayudar a los huérfanos y a las viudas, decir la verdad, etc. Una vez más los católicos reformados coincidimos plenamente con el consenso patrístico en este punto, y algunos movimientos como el evangelicalismo histórico, son especialmente conocidos por tomarse en serio los mandatos éticos de la Escritura.

---

[12] Heinrich DENZINGER y Peter HÜNERMANN, *El magisterio de la Iglesia: Enchiridion symbolorum definitionum et declarationum de rebus fidei et morum*, trad. Bernabé DALMAU *et al.*, 2ª ed. (Barcelona, España: Herder, 1999), 110–111 (trad. ligeramente modificada).

Así pues, la totalidad del consenso patrístico, que podemos resumir como doctrina, culto y ética, está plenamente aceptado en el catolicismo reformado. Usando las categorías de la teología sistemática, los protestantes aceptamos plenamente la fe (doctrina), la esperanza (culto) y el amor (ética) de la Iglesia primitiva y procuramos incorporarlos en nuestras confesiones de fe, liturgias e instrucción ética. Este consenso incluye aproximadamente los primeros cinco siglos de la historia cristiana, y los primeros protestantes usaron términos como "el consenso de los Padres (*consensus patrum*) y "el consenso de los [primeros] cinco siglos" (*consensus quinquesecularis*) para referirse a esta herencia que los primeros cristianos legaron a la Iglesia. Los católicos reformados recibimos con gratitud este legado y procuramos administrarlo adecuadamente.

Volviendo brevemente a nuestro argumento principal del primer capítulo, es importante recordar que los protestantes no aceptamos estos concilios y credos porque tengan la misma autoridad que la Escritura, sino más bien porque ayudan en su correcta interpretación. Reconocemos que tienen más autoridad que la interpretación individual y nos sentimos más inclinados a seguirlos a ellos que a nuestros ministros actuales, que pueden enseñar lo contrario, pero no alcanzan el mismo nivel de autoridad de las propias Escrituras. Jaime Salgado, un protestante español de finales del siglo XVII, expresó bien la cuestión cuando escribió:

> En cuanto a los Padres de la Iglesia antigua y a los cuatro concilios primitivos, los abrazamos como intérpretes de las sagradas Escrituras; sí, también afirmamos que nos pueden atar la conciencia de manera subordinada a las Escrituras, pero no obligarla a la fe; sin embargo, negamos que los Padres, o el concilio o el papa romano sean jueces de las controversias sobre cuestiones de la fe, sino solo el Espíritu Santo, quien habla en su Palabra.[13]

---

[13] Jaime SALGADO, *A Romish Priest Turn'd Protestant: with the reasons of his conversion* (London: Thomas Cockerill, 1679), 14 (trad. del autor).

Más allá del consenso patrístico

Con tanto énfasis en los primeros cinco siglos de la historia de la Iglesia, los lectores pueden verse inducidos a pensar que los católicos reformados rechazamos todo desde el siglo VI en adelante hasta que la Reforma protestante tuvo lugar en el siglo XVI. Permítanme afirmar con rotundidad que esto es absolutamente incorrecto. Por el contrario, los protestantes ratificamos grandes líneas de enseñanza de la Iglesia durante los siglos siguientes y nuestras protestas se limitan a unas pocas doctrinas importantes que explicaré en el próximo capítulo. He aquí algunos ejemplos de doctrina del siglo VI en adelante que coincide con doctrina protestante del siglo XVI.

El Concilio de Orange del año 529 ratificó gran parte de las enseñanzas de Agustín sobre la necesidad de la obra iniciadora de Dios en la salvación. Aunque no todas sus sentencias hayan sido aceptadas por todos los cristianos, y a pesar de que no fue un concilio ecuménico sino regional, Orange es un ejemplo de cómo los católicos reformados vemos perpetuarse la doctrina bíblica más allá del periodo patrístico. Más significativamente, los concilios ecuménicos quinto y sexto—ambos celebrados en Constantinopla en el año 553 y en el 680–681, respectivamente— reafirmaron y explicitaron más las afirmaciones doctrinales hechas en los concilios ecuménicos tercero y cuarto sobre las dos naturalezas de Cristo y su plena humanidad. En esencia, concluyeron que el Hijo de Dios asumió una naturaleza completamente humana, incluyendo una voluntad humana. De esta manera, cuando los católicos reformados decimos que ratificamos los primeros cuatro concilios ecuménicos, implícitamente nos referimos a los seis primeros. Esto podría ser un ejemplo de lo que Juan Díaz quería decir cuando dijo que aceptaba los cuatro primeros concilios ecuménicos "y otros" con tal de que estén de acuerdo con las Escrituras. Teniendo en cuenta que los concilios ecuménicos quinto y sexto están de acuerdo con las Escrituras, los católicos reformados los recibimos como parte de la tradición de la Iglesia.[14]

Así, los católicos reformados somos esencialmente indistinguibles de los católicos romanos y de los ortodoxos en su apropiación de los primeros siete siglos de la historia de la Iglesia. Aproximadamente desde el siglo VII hasta el XI, los católicos reformados seguimos ratificando toda la doctrina, liturgia y ética en consonancia con las Escrituras y con el consenso patrístico, pero comenzamos a tener reservas sobre algunas enseñanzas y prácticas que se estaban generalizando. Por ejemplo, algunas corrientes de pensamientos relacionadas con los iconos y la eucaristía no coinciden con la enseñanza bíblica y patrística, y por tanto tampoco con la doctrina católica reformada. A partir del siglo XI —es decir, tras la escisión entre oriente y occidente del año 1054—, los católicos reformados vemos cada vez más errores teológicos que son cada vez más graves. Por ejemplo, los protestantes no aceptamos las crecientes pretensiones del obispo de Roma ni las exageradas afirmaciones sobre María. Sin embargo, no es en el siglo XI donde los protestantes marcamos una clara línea y rechazamos todo lo que viene a continuación hasta el siglo XVI. Por el contrario, autores del siglo XI como Anselmo, del siglo XII como Hugo de San Víctor, Ricardo de San Víctor, Pedro Lombardo y Bernardo de Claraval, del siglo XIII como Tomás de Aquino y Buenaventura, del siglo XIV como Juan Duns Escoto y Juan Wiclif y del sigo XV como Juan Hus han sido citados, apreciados y apropiados por los católicos reformados a lo largo de nuestra

---

[14]   Como ejemplo de esto, en su respuesta al papa Pío IX, Charles Hodge escribió: "Consideramos que todas las decisiones doctrinales de los seis primeros concilios ecuménicos son coherentes con la Palabra de Dios y, por ello, las recibimos como expresión de nuestra fe" (trad. del autor; disponible online: https://banneroftruth.org/us/resources/articles/2010/charles-hodges-letter-to-pope-pius-ix/ [accedido el 31 de mayo de 2023]).

historia. Lo que sí decimos es que, a partir del siglo XI, se observa un importante alejamiento de algunas enseñanzas bíblicas importantes.

La afirmación de que la Iglesia, o al menos algunas partes de ella, inició un lento alejamiento de la Escritura y del consenso patrístico, primero en el siglo VII y luego más gravemente en el XI, no es un argumento nuevo, sino que más bien ha sido una denuncia habitual de los católicos reformados (y de los ortodoxos) durante cientos de años. Por ejemplo, tanto Cipriano de Valera como Juan Pérez de Pineda señalaron que el pontificado de Bonifacio III (607) marcó un importante punto de inflexión en la Iglesia, ya que por primera vez el obispo de Roma recibió el título de "patriarca ecuménico" de manos del emperador Focas de Constantinopla (ver el cap. nueve). En el Debate de Leipzig de 1519, Martín Lutero defendió la siguiente tesis que contrasta los decretos de los papas de los últimos 400 años (i.e., desde c. 1100) con la historia de la Iglesia, la Biblia y el Credo niceno: "Que la Iglesia romana es superior a todas las demás se prueba por los muy insulsos decretos de los pontífices romanos que han aparecido en los últimos cuatrocientos años, a los que se oponen los hechos históricos de mil cien años, el texto de la divina Escritura y el decreto del concilio de Nicea, el más sagrado de todos los concilios".[15] Del mismo modo, Juan Pérez de Pineda escribió en el prólogo de su *Breve tratado de doctrina*:

> Mas hace ya de quinientos años, cuando estaba el mundo lleno de tinieblas, que muchos hombres sofistas, y otros que no lo eran, hicieron diversos comentarios, glosas, exposiciones, nuevas leyes y tradiciones, además de las que estaban antes hechas, las cuales fueron fácilmente recibidas de todos,

---

[15] Martín LUTERO, *Obras reunidas. 1. Escritos de reforma*, ed. y trad. Pablo TORIBIO (Madrid: Editorial Trotta, 2018), 65 (tesis 13 del debate de Leipzig).

sembradas y esparcidas por la cristiandad. Y fueron tantas y en tan grande número que la verdadera simiente, que es el Evangelio, fue de tal manera con ellas cubierto y sepultado, que ya casi no se veía ni divisaba.[16]

Podríamos seguir con las citas, pero creo que la cuestión queda clara: según una lectura católica reformada de la historia de la Iglesia, algo fue mal durante la Edad Media, lentamente a partir del siglo VII y, con ritmo creciente, del XI.

Lo que tenemos en común

El acuerdo esencial que los católicos reformados tenemos con los católicos romanos y con los ortodoxos durante aproximadamente el primer milenio de la historia de la Iglesia nos permite ratificar un cuerpo de doctrina notablemente amplio. Sin ánimo de ser exhaustivos, a continuación se ofrece una lista de doctrinas que las tres tradiciones del cristianismo tienen en común[17]:

Dios es uno; es Padre, Hijo y Espíritu; es eterno, infinito y perfecto; es sencillo; es libre; es el creador de cielos y tierra y de todo lo visible e invisible; predestina a los elegidos a la salvación; preserva y sostiene la creación; se ha revelado a sí mismo en la creación; hizo a los seres humanos a su imagen; la creación es buena; ángeles y seres humanos han pecado; prometió salvación; el arrepentimiento y la fe siempre han sido necesarios para la salvación; nos ha dado su Ley; el Hijo es plenamente Dios e igualmente digno de adoración;

---

[16] Juan PÉREZ DE PINEDA, *Breve tratado de doctrina*, en *Reformistas Antiguos Españoles*, tomo 7 (Barcelona: Librería de Diego Gómez Flores, 1982), 17 (lenguaje actualizado).

[17] Para los interesados en leer una declaración ecuménica de fe respaldada por líderes protestantes, católicos romanos, ortodoxos, ortodoxos sirios y armenios, cf. The Joint Commission of Churches in Turkey, *Christianity. Fundamental Teachings,* trad. Natalie KONUTGAN (Istanbul: Kitabi Mukaddes Sirketi, 2017).

el adopcionismo, el sabelianismo y el arrianismo son herejías; el Hijo es plenamente hombre; el ebionismo, el docetismo, el apolinarismo, el nestorianismo, el eutiquianismo, el miafisismo y el monotelismo son herejías; Cristo es el verdadero profeta, sacerdote y rey; nació de la virgen María, correctamente llamada la Madre de Dios (*theotokos*); es Dios encarnado; vivió una perfecta vida de obediencia al Padre; murió por nuestros pecados, fue sepultado y descendió a los muertos; resucitó corporalmente de la tumba; ascendió corporalmente al cielo; está presente en los sacramentos; está sentado a la diestra del Padre; intercede por la Iglesia; volverá para juzgar a los vivos y a los muertos; el Espíritu Santo es plenamente Dios e igualmente digno de adoración; el macedonianismo es una herejía; inspiró la Escritura; forma la Iglesia una, santa, católica y apostólica; actúa en la vida de los cristianos; la Iglesia se reúne los domingos para la adoración colectiva; la Escritura y los sacramentos son esenciales para el culto cristiano; por el poder del Espíritu, los cristianos pueden guardar la Ley de Dios; los cristianos deben someterse al gobierno humano; solo hay un bautismo para el perdón de pecados; habrá una resurrección corporal al regreso de Cristo; hay dos destinos eternos: el cielo y el infierno. ¡Es una asombrosa cantidad de acuerdo!

Habiendo demostrado en la primera parte del libro que los católicos reformados aceptamos los cinco primeros siglos de la historia de la Iglesia, y que reivindicamos cómodamente la mayoría del primer milenio, en la segunda parte me gustaría mostrar cuál es la protesta de los católicos reformados y en qué diferimos de los católicos romanos.

Excursus: el testimonio de seis reformadores españoles sobre los credos y concilios ecuménicos

Muchos reformadores españoles suscribieron los credos y concilios ecuménicos de los primeros cinco siglos de la

Iglesia. A continuación, vemos una recopilación de citas de seis protestantes españoles (algunas citas también aparecen en otros sitios del libro).

Constantino de la Fuente: (después de citar los credos apostólico, niceno y de Atanasio) "Aunque en forma muy breve, en estos tres símbolos se contiene toda la fe cristiana. En la exposición más amplia que de ellos haremos a continuación, se verá como de estos contenidos breves, como si fueran una fuente, o las raíces de una planta, emergen todas las doctrinas de la fe cristiana" (*Doctrina cristiana*, cap. 31).

Juan Díaz: (después de hablar de la máxima autoridad de las Escrituras) "De igual manera, aceptamos tres símbolos —el Apostólico, el Niceno y el de Atanasio— como abreviación de los textos proféticos y apostólicos. También los cuatro grandes concilios: de Nicea, de Constantinopla, de Éfeso y de Calcedonia, y otros, en la medida en que están de acuerdo con la Sagrada Escritura y si sus enseñanzas y decretos están apoyados en la Sagrada Escritura" ("Suma de la religión cristiana").

Casiodoro de Reina: "Cuanto a lo que toca al autor de la traducción, si católico es, el que fiel y sencillamente cree y profesa lo que la santa madre Iglesia cristiana católica cree, tiene y mantiene, determinado por Espíritu Santo, por los cánones de la divina Escritura, en los santos concilios y en los símbolos y sumas comunes de la fe, que llaman comúnmente el de los Apóstoles, el del Concilio niceno y el de Atanasio, católico es, e injuria manifiesta le hará quien no lo tuviere por tal" ("Amonestación al lector" de la Biblia del Oso).

Antonio del Corro: (después de afirmar la autoridad de las Escrituras) "Las cosas que están incluidas en el Símbolo del concilio de Nicea, de Atanasio, y lo que comúnmente se llama el apostólico, son católicas y están respaldadas por la autoridad de los libros sagrados y, por lo tanto, deben ser consideradas por todos los cristianos como decretos ciertos y examinados de nuestra fe" (de su "apología" del 03 de julio de 1571).

Cipriano de Valera: "Los tres Símbolos, de los Apóstoles, Niceno, de Atanasio: los cuales son un sumario de lo que el cristiano debe creer tomado de la Escritura" (*Dos tratados*).

Jaime Salgado: "En cuanto a los Padres de la Iglesia antigua y a los cuatro concilios primitivos, los abrazamos como intérpretes de las sagradas Escrituras; sí, también afirmamos que nos pueden atar la conciencia de manera subordinada a las Escrituras, pero no obligarla a la fe" (*A Romish Priest Turn'd Protestant*).

SEGUNDA PARTE
PERO NO ROMANO

En la primera parte del libro, he tratado de mostrar que los protestantes tenemos el mismo derecho al título de "católicos" que cualquier otra tradición: ratificamos todas las principales doctrinas de los primeros siglos de la historia de la Iglesia y aceptamos todos los demás concilios, doctores y enseñanzas que concuerdan con la Escritura y el consenso patrístico. En la segunda parte, me gustaría demostrar de qué manera no somos "romanos". Para tal fin, explicaré algunas de las diferencias más importantes entre católicos romanos y católicos reformados y presentaré una defensa de la posición protestante que procede de la Escritura y de la tradición. Como dije en la Introducción, mi objetivo no es polemizar, sino explicar por qué los católicos reformados no estamos de acuerdo con los católicos romanos en ciertos temas.

Después de un capítulo introductorio en el que explicaré el meollo de nuestra protesta a nivel general, dedicaré los próximos siete capítulos a hablar de doctrinas específicas que los católicos reformados no tenemos en común con los católicos romanos: el canon de la Escritura, el número de sacramentos, la presencia de Cristo en la eucaristía, los iconos, el papel de María, el obispo de Roma y la justificación. El orden en el que las presento es doblemente intencionado: primero, en general, los temas se van agravando a medida que avanzan los capítulos, y segundo, los primeros seis temas tienen más que ver con doctrinas relacionadas con "la Iglesia una, santa, católica y apostólica" mientras que el último tiene más que ver con "el perdón de los pecados" (explicaré estas dos categorías en el siguiente capítulo). Cada capítulo incluye una explicación del tema, seguida del apoyo bíblico y tradicional de la postura católica reformada, y termina con una visión católica reformada del tema.

Debo decir desde el principio que hay tantos textos de las Escrituras y de la tradición sobre cada tema que solo he podido incluir una pequeña muestra y he tenido que resumir argumentos largos y técnicos en unas pocas páginas. Este libro es solo una introducción a estas cuestiones y animo a los lectores a seguir estudiándolas. Los lectores deben saber que los católicos romanos también podrían escribir un libro similar a este, en el que respalden sus puntos de vista con las Escrituras y la tradición y, por lo tanto, no es mi intención hacer pensar que los católicos romanos no tienen respaldo alguno a su postura. Más bien, estoy convencido de que, basándome en la autoridad, el número y la calidad de los textos que los protestantes podemos citar de las Escrituras y de la tradición, la posición protestante es la más fiel a la Escritura y, en la mayoría de los casos, es la posición mayoritaria de la Iglesia patrística y más allá.

Hay algunas cuestiones que no trataré, como el calendario litúrgico, las vestiduras clericales, el celibato obligatorio para los sacerdotes y ritos externos como la señal de la cruz, el arrodillamiento, etc., porque son de importancia relativamente menor y no reflejan diferencias doctrinales o litúrgicas sustanciales. Tampoco abordaré temas como la liturgia en lenguas vernáculas, la *Vulgata*, etc., ya que los católicos romanos han cambiado su postura desde el siglo XVI y ahora interpretan estas cuestiones como los católicos reformados.

Por último, me gustaría señalar que lo que estoy haciendo en esta segunda parte, y en el libro en su conjunto, no es nada nuevo dentro del protestantismo en general o del protestantismo español en particular. Por poner solo tres ejemplos, *Breve tratado de la doctrina*, de Juan Pérez de Pineda (1560), la traducción de Cipriano de Valera de *El católico reformado*, de William Perkins (1598; trad. 1599) y la traducción de Lorenzo Lucena de *Apología de la iglesia anglicana*, de John Jewel (1562; trad. 1840) comparan y contrastan el catolicismo reformado con el catolicismo romano. Sus libros son mucho más minuciosos y técnicos que la obra que presento aquí, así para aquellos que deseen una crítica más exhaustiva y académica del catolicismo romano desde una perspectiva protestante, estos libros (y muchos otros) pueden ser útiles.

CAPÍTULO 3

Reformando una parte de nuestra herencia común

La Iglesia y el perdón de pecados

En la primera parte del libro, he tratado de mostrar la rica herencia que la Iglesia del primer milenio legó a los cristianos de todas las tradiciones, y que los católicos reformados aceptamos con gratitud. Con tal acuerdo reconocido entre las diferentes tradiciones, podemos ahora plantearnos la importante pregunta: ¿En qué consistió la Reforma? Desde el principio, es importante tener en cuenta que la Reforma no lo abordaba todo, sino algunas pocas doctrinas muy importantes. Por tanto, no deberíamos esperar que el protestantismo sea diferente del catolicismo romano en todo, sino en algunas doctrinas concretas, aunque sean de gran importancia.

Si volvemos a pensar en el Credo niceno (ver el cap. 2) como resumen de doctrina cristiana, podemos decir que la Reforma no versó sobre la persona o la obra del Padre, ni tampoco principalmente sobre la persona o la obra del Hijo —aunque, como veremos, algunas afirmaciones en relación a los sacramentos, el Purgatorio y a María afectan a la obra del Hijo—, ni sobre la persona del Espíritu Santo. Por el contrario, los protestantes aceptamos la enseñanza católica sobre estos temas. Más bien, el principal impulso de la Reforma versó sobre la obra del Espíritu Santo con respecto a la naturaleza de la Iglesia y el perdón de los pecados. Por tanto, una forma de entender la Reforma es verla como un movimiento dentro de la Iglesia occidental que buscaba reformar la interpretación vigente de dos frases conectadas con la obra del Espíritu Santo: "la Iglesia una, santa, católica y apostólica" y "un solo bautismo para el perdón de los pecados". Analicemos estas dos ideas desde las perspectivas del catolicismo romano y del catolicismo reformado.

Catolicismo romano

Hay dos ideas fundamentales que explican cómo entiende el catolicismo romano la Iglesia y el perdón de los pecados: la Iglesia de Roma es la cabeza de la Iglesia universal y tiene el poder de perdonar pecados a través de los sacramentos. Analicemos brevemente cada idea (las veremos más en detalle en los próximos capítulos).

Durante la Edad Media, la Iglesia occidental llegó poco a poco a la conclusión de que la Iglesia era sinónima del papa y cualquiera que estuviera en comunión con él. Los cardenales, arzobispos, obispos y sacerdotes eran especialmente importantes, porque todos pertenecían a la estructura jerárquica de la Iglesia y, por tanto, los laicos formaban parte de la Iglesia siempre que estuvieran en comunión con sus sacerdotes locales y que , a su vez, lo estaban con el papa. También se entendía en aquella época que el papa tenía autoridad absoluta sobre cuestiones espirituales y terrenales, y que esta autoridad se manifestaba especialmente en los (llamados) concilios ecuménicos, que promulgaban doctrinas como el canon de las Escrituras, los siete sacramentos, la transubstanciación, la obligación de venerar imágenes y la justificación.

Sobre la cuestión del perdón de los pecados, en la Edad Media se produjeron tres importantes modificaciones a la enseñanza bíblica y patrística que hicieron pensar a la Iglesia que el perdón de los pecados, especialmente en relación a la justificación, era un proceso continuo que dependía, en parte, del esfuerzo humano. Primero, la palabra griega "justificar" originalmente quería decir "declarar justo", pero en su traducción al latín, llegó a significar "hacer justo" y así la justificación pasó a entenderse como un proceso por el cual Dios hace justo a alguien. Segundo, los siete sacramentos llegaron a ser considerados los medios por los que Dios hace justo a alguien. Si alguien quería aumentar su justicia, la mejor manera de hacerlo era a través de la participación en los sacramentos, sobre todo en la eucaristía. Tercero, como poca gente llegaba a ser "hecha justa" en esta vida, el Purgatorio era visto como el lugar donde se terminaba el proceso de ser hecho justo. Relacionado con el Purgatorio, el papa empezó a afirmar que tenía el poder de librar gente del Purgatorio a través de indulgencias normales y plenarias porque tenía el poder de aplicar los méritos de Cristo, María y otros a los que les faltaban.

Combinando las tres ideas, la Iglesia entendía el proceso de justificación dentro del sistema de los siete sacramentos, el Purgatorio y las indulgencias de esta manera: La persona comenzaba el proceso de justificación a través del bautismo, que se completaba con la confirmación y continuaba a través de la eucaristía. El matrimonio o el clero eran las dos opciones que la mayoría de la gente elegía para su vida adulta y, en casos de enfermedad extrema o muerte inminente, todos podían ser ungidos con óleo santo. La justificación de una persona podía verse obstaculizada por la comisión de pecados veniales o completamente revertida por la comisión de pecados mortales, pero la persona podía ser restaurada mediante la penitencia. La esperanza era que, en el trascurso de la vida de una persona, al final esta fuera "hecha justa" y pudiera así entrar en el cielo. No ocurría así con la mayoría de las personas y, por tanto, el Purgatorio era el lugar al que casi todos los cristianos iban para ser purgados de sus restantes inclinaciones pecaminosas. Sin embargo, el proceso de ser hechos justos se completaba con algunas personas antes de morir y así todas sus buenas obras posteriores se consideraban "obras de supererogación". Estas obras se añadían a los méritos de Cristo y a las oraciones y buenas obras de María y otros santos, y juntos formaban el tesoro de méritos de la Iglesia que podía distribuirse a otros que estuvieran en necesidad. Esto se llevaba a cabo a través de las indulgencias.

Catolicismo reformado

Los protestantes no somos necesariamente anti jerárquicos ni anti sacramentales ni anti concilios ecuménicos, y, por tanto, no estamos en total desacuerdo con el sistema presentado anteriormente. Sin embargo, consideramos que la posición católica romana es incorrecta y desequilibrada en algunos aspectos importantes. Los siguientes capítulos están dedicados a ofrecer un análisis y respuesta más profundos a estos temas, pero permítanme aquí ofrecer una respuesta corta y resumida.

Sobre la cuestión de la Iglesia, la jerarquía, la autoridad del obispo de Roma y los concilios ecuménicos, podemos decir tres cosas. Primero, históricamente hablando, el obispo de Roma se consideraba un "primero entre iguales", y fueron las crecientes pretensiones del papado de autoridad y jurisdicción universal lo que molestó a toda la Iglesia oriental (y más tarde a los protestantes) y fue rechazado como novedoso. Segundo, su autoridad, junto con la de todo obispo y pastor, deriva de la Palabra de Dios. Es decir, el obispo de Roma no tiene poder en sí mismo, sino que solo lo tiene en la medida en que predique y viva fielmente el Evangelio. No solo sus pretensiones de ser obispo universal, sino también su enseñanza sobre la justificación, han hecho que ortodoxos y protestantes duden de su fidelidad a la Palabra de Dios. Tercero, los protestantes afirmamos que ciertos decretos de algunos (llamados) concilios ecuménicos están equivocados porque se desvían de la enseñanza bíblica y patrística. Por ejemplo, la Biblia y la Iglesia patrística no reconoce los libros apócrifos como inspirados, no habla de siete sacramentos, no dice que la presencia de Cristo aniquila la substancia del pan y del vino en la Santa cena, no obliga la veneración de las imágenes y no habla de la justificación como un proceso. Por tanto, como afirmamos que la Biblia es nuestra autoridad final (sola Escritura), si hay un desacuerdo entre la Biblia y algún concilio ecuménico, los protestantes decimos que el concilio ha errado y la Biblia es veraz.

Sobre la cuestión del perdón de los pecados y los sacramentos, los primeros protestantes insistieron en dos cambios importantes, ambos procedentes de la Escritura. En primer lugar, insistieron en que la Escritura solo habla de dos sacramentos —el bautismo y la eucaristía—, y en que la Iglesia primitiva no sabía nada del sistema de siete sacramentos de la Edad Media. Guardaron la mayoría, o todos, los otros cinco sacramentos, pero los entendían como ritos. En segundo lugar, y lo que es más importante, corrigieron la traducción errónea de la palabra latina "justificar" para que reflejara lo que realmente decía la Biblia, "declarar justo", y se tomaron en serio lo que la Biblia decía sobre que Dios imputa la justicia de Cristo al creyente a través de la fe (e.g., Rom 4:1–8; Fil 3:8–9). El resultado de esta recuperación de la enseñanza bíblica fue que el perdón de los pecados no se entendió como un proceso de ser hecho justo a través de los siete sacramentos, sino más bien como una declaración de Dios de que el pecador es considerado como justo en Cristo. Si es así, hay que replantearse radicalmente los sacramentos, el Purgatorio y las indulgencias: Los sacramentos se convierten ahora en medios que Dios utiliza para ofrecerse a su pueblo por la fe y el Purgatorio y las indulgencias son innecesarios porque nuestra aceptación por parte de Dios no está basada en nuestra justicia, sino en la de Cristo.

Resumen

Así pues, lo que tenemos en el siglo XVI es una situación en la cual la Iglesia tuvo que decidir entre dos formas diferentes de entender la obra del Espíritu Santo con respecto a la Iglesia y al perdón de los pecados. Aunque ambas partes estaban de acuerdo en que el Padre había logrado la salvación para la humanidad mediante la obra del Hijo y que el Espíritu Santo era quien aplicaba esta salvación al individuo, discrepaban sobre los medios a través de los que el Espíritu Santo lo llevaba a cabo. Los católicos romanos enfatizaban la Iglesia externa y el sistema sacramental, mientras que los católicos reformados hacían hincapié en la sola gracia, la sola fe y el solo Cristo, que basaban en la sola Escritura. Esto tuvo como resultado la búsqueda de glorificar solo a Dios en sus liturgias.

En los siguientes capítulos, explicaré cuáles son algunos de los desacuerdos más importantes entre católicos romanos y protestantes, y mostraré que los católicos reformados tenemos argumentos más sólidos que los católicos romanos para defender que somos los verdaderos herederos de la Escritura y de la tradición.

CAPÍTULO 4

El canon de la Escritura

Incluir o excluir los apócrifos

Comienzo con el tema de la canonicidad porque es posiblemente el que causaría menos cambios de cualquiera de las partes si se equivocan: aparte de algunas cuestiones como una discutible referencia al Purgatorio en 2 Macabeos 12:41–46 y la posibilidad de errores de hecho en algunos libros apócrifos, no hay mucho que los protestantes pudiéramos ganar si los libros apócrifos se incluyeran como Escritura y tampoco hay mucho que los católicos romanos pudieran perder si se excluyeran. En general, los libros apócrifos fueron escritos por judíos piadosos que habían leído e internalizado la Biblia hebrea, y por tanto muchas de sus enseñanzas están de acuerdo con ella. Supongo que lo que verdaderamente está en juego es el enfoque de cada tradición a la hora de determinar qué libros son canónicos: los católicos romanos suelen decir que la Iglesia tiene autoridad para decidir qué libros son canónicos, mientras que los católicos reformados afirmamos que solo reconocemos como canónicos los libros que Dios ha inspirado.

Según el decreto promulgado en la cuarta sesión del Concilio de Trento (1546), los libros apócrifos son los siguientes: Tobías, Judit, Sabiduría de Salomón, Eclesiástico (i.e., Sirácida, Ben Sira), Baruc (incluyendo la Carta de Jeremías), 1-2 de Macabeos y adiciones a los libros de Ester y Daniel.[18] El primer concilio ecuménico (según la Iglesia católica romana) en el que se mencionan los libros apócrifos como "aceptados y venerados" procede de la sesión undécima del Concilio de Florencia (1442), postura reiterada posteriormente en el Concilio de París (1528) y reafirmada y sellada con un anatema contra todos los disidentes en el Concilio de Trento. Según este punto de vista, los libros apócrifos se consideran plenamente escriturales y autoritativos, y no se llaman "apócrifos", sino "deuterocanónicos".[19]

Según los protestantes, el canon reconocido por los judíos y, como veremos brevemente, adoptado por la Iglesia patrística y medieval, no incluía los libros apócrifos y, por lo tanto, nosotros tampoco los deberíamos incluir. Como veremos al final de este capítulo, los católicos reformados tenemos dos opciones respecto a qué hacer con los apócrifos, pero por ahora, volvamos a la Escritura y a otros testimonios históricos para ver cómo los protestantes defendemos nuestra posición.

El testimonio de los apócrifos y de la literatura judía

Antes de examinar la Escritura y la tradición, echemos un vistazo a los propios libros apócrifos, así como a otra literatura judía de alrededor del inicio de la era cristiana. Aunque debemos recordar que originalmente los libros apócrifos no se consideraban una colección, sino más bien libros

---

[18] Por lo tanto, no incluiremos en nuestra discusión otros libros típicamente asociados con los apócrifos y tenidos en alta estima por otras tradiciones eclesiásticas, como 1–2 Esdras, la Oración de Manasés, el Salmo 151, 3–4 Macabeos y el libro de Enoc.

[19] Este término pretende distinguirlos de los libros "protocanónicos" que los judíos y la mayoría de los cristianos reconocen como Escritura.

individuales que existían independientemente unos de otros, el testimonio combinado de estas obras sugiere que sus autores entendían que el canon hebreo estaba cerrado y que sus escritos (i.e., los libros apócrifos) no estaban incluidos.

En 1 Macabeos 4:45–46 y 9:27 se afirma que no había profetas en Israel y que hacía tiempo que no los había (el autor del libro tampoco se veía como profeta). Se trata de un reconocimiento significativo, porque sin profetas, no podría escribirse ninguna Escritura. El autor de 1 Macabeos no da la sensación de que es una afirmación polémica, y dada la popularidad de la obra, se supone que reflejaba la creencia de gran parte de la población judía de la época (a continuación, veremos que Josefo hace la misma afirmación).

Además, en los libros apócrifos hay numerosas referencias a grupos de libros dentro de las Escrituras hebreas que insinúan que dichos grupos ya están completos y cerrados. Por ejemplo, el prólogo del Eclesiástico habla de "la Ley y de los Profetas y los demás libros de nuestros antepasados", lo que implica que los libros que constituían estos tres grupos eran conocidos por el autor y su audiencia. En otras palabras, el canon fue tan reconocible que alguien podía mencionar la Ley, los Profetas y los demás libros, y dar por sentado que todos sabrían a qué se refería. La importancia de esta observación está en el hecho de que, al referirse a un canon reconocible y definido, el autor de Eclesiástico excluye su propia obra de la colección.

Pasando ahora a otra literatura judía, hay dos textos de especial importancia. Primero, Josefo proporcionó al mundo grecorromano una lista del canon hebreo:

> Puesto que no se nos permite a todos escribir la historia y nuestros escritos no presentan contradicción alguna, y puesto que únicamente los profetas han escrito con toda claridad los hechos contemporáneos tal como habían ocurrido, es natural,

o más bien necesario, que no haya entre nosotros una infinidad de libros en contradicción y pugna, sino sólo veintidós, que contienen las escrituras de todos los tiempos y que, con razón, son dignos de crédito. De éstos, cinco son de Moisés, los que contienen las leyes y la tradición desde la creación del hombre hasta la muerte del propio Moisés; abarcan un período de tres mil años aproximadamente. Desde la muerte de Moisés hasta Artajerjes, sucesor de Jerjes como rey de los persas, los profetas posteriores a Moisés han contado la historia de su tiempo en trece libros; los cuatro restantes contienen himnos a Dios y preceptos morales para los hombres. También desde Artajerjes hasta nuestros días, cada acontecimiento ha sido consignado; pero no se les concede la misma confianza que a los anteriores porque no ha existido la rigurosa sucesión de los profetas. (*Contra Apión* 1.37–41)[20]

A partir de esta lista podemos hacer cinco comentarios breves. En primer lugar, Josefo continuó con la tradición de dividir el canon hebreo en tres partes —los cinco libros de Moisés, los trece libros de los Profetas y los cuatro libros de himnos y preceptos—, y en base a lo que hemos visto y a lo que veremos en breve, es muy probable que Josefo solo tuviera en mente los libros canónicos. En segundo lugar, es el primer autor que cuantifica los libros incluidos en el canon: 22. Basándonos en sus comentarios y en otros testimonios que veremos enseguida, estos 22 libros muy probablemente corresponden a los 39 libros del Antiguo Testamento protestante, con la única diferencia de cómo cada tradición cuenta los libros.[21] En tercer lugar, aunque Josefo conoce

---

[20] Flavio JOSEFO, *Autobiografía. Contra Apión*, trad. Margarita RODRÍGUEZ DE SEPÚLVEDA (Madrid: Editorial Gredos, 1994), 183.

[21] Los judíos cuentan los Doce profetas como un libro, que los cristianos contamos como doce. Así mismo, cuentan Jue y Rut, 1–2 Sm 1–2 Re, 1–2 Cr, Esd y Neh y Jer y Lm como un libro cada par. Una vez realizados todos estos ajustes, ambos cánones tienen el mismo contenido.

otros libros escritos por judíos desde la época de Artajerjes (siglo V a. C.), que es cuando se estaban escribiendo los
libros apócrifos, "no se les concede la misma confianza", es
decir, no se consideran libros canónicos. El hecho de que Josefo dependiera tanto de 1 Macabeos para escribir parte de
su *Antigüedades* hace muy probable que se refiera a esta obra
en particular, si no a otros libros apócrifos también. En cuarto lugar, haciéndose eco de la cita de 1 Macabeos que vimos
arriba, Josefo relaciona el cierre del canon hebreo con la des-
aparición de los profetas. Aparentemente, esta era una conexión común entre los judíos. Por último, en otras partes de
su obra, Josefo habla abiertamente de varios debates teológicos que mantenían las diversas sectas judías de su época (fariseos, saduceos, esenios, etc.), pero aquí no menciona nada
en absoluto, lo que implica que Josefo nos ha proporcionado una lista no controvertida del canon hebreo. Cuando se
combinan todas las pruebas, parece que Josefo ha proporcionado una lista del canon judío generalmente aceptada que es
la misma que el canon protestante del Antiguo Testamento.

Segundo, el Talmud de Babilonia nos proporciona una
lista de todos los libros del canon hebreo y los menciona
por nombre. Se trata del texto judío más antiguo que lo
hace, por lo que reviste una importancia especial. Aunque
esta obra fue escrita hacia el siglo VI d. C., su similitud con
otros textos de principios de la era cristiana y el hecho de
que el Talmud registrara esta enseñanza como una *baraitha*
—es decir, que estaba excluida de la Mishná (escrita hacia
el 200 d. C.) pero se remonta al mismo periodo— significa
que la tradición oral de la que depende el texto data probablemente de los primeros dos siglos de la era cristiana o
antes. El texto es el siguiente (la autoría de Moisés del Pen-
tateuco se menciona justo después de este texto, pero no se
incluye aquí):

> Los Sabios enseñaron: El orden de los libros proféticos,
> cuando están unidos, es el siguiente: Josué y Jueces, Samuel y

Reyes, Jeremías y Ezequiel e Isaías y los Doce profetas. [...]
La *baraita* continúa: El orden de los Escritos es: Rut y el libro de los Salmos, y Job y Proverbios; Eclesiastés, Cantar de
los Cantares y Lamentaciones; Daniel y el rollo de Ester; y
Esdras y Crónicas. (*Bava Batra* 14b)[22]

El texto sigue con una interesante discusión sobre los autores de cada uno de estos libros, pero los puntos importantes
para nosotros son tres. Primero, es la lista más antigua del
canon judío que nombra los libros individuales. Segundo, reproduce la división tripartita del canon hebreo: Ley, Profetas
y Escritos. Tercero, coincide con el testimonio de Josefo.

En resumen, la evidencia judía —los libros apócrifos,
Josefo y el Talmud— coincide en apoyar el canon protestante del Antiguo Testamento y en excluir a los apócrifos.

Escritura

Con esta información de base, podemos ahora pasar a la evidencia escritural, de la cual dos textos son especialmente importantes. En primer lugar, Lucas 24:44 alude a "la ley de
Moisés y los profetas y los salmos". Según lo que hemos visto,
lo más probable es que esta división tripartita de las Escrituras hebreas sea una referencia a los 22 libros de las Escrituras
hebreas, los cuales corresponden a los 39 libros del Antiguo
Testamento de los protestantes. En segundo lugar, y de mayor
importancia, en su denuncia de los escribas y fariseos en Mateo 23:35, Jesús dice lo siguiente en relación a la persecución
de los judíos a los hombres que Dios les había enviado: "desde
la sangre de Abel el justo hasta la sangre de Zacarías hijo de
Berequías, a quien matasteis entre el templo y el altar" (cf. Lc
11:50–51). Es obvio que Jesús se estaba refiriendo al principio

---

[22] Traducción del inglés; texto disponible online: www.sefaria.org
(consultado el 10 de abril de 2023).

y al fin de algo relacionado con el martirio, pero la pregunta es: ¿a qué? Probablemente no se trata de una referencia cronológica, pues Zacarías hijo de Berequías no fue el último mártir que los judíos mataron: por ejemplo, Zacarías fue lapidado a finales del siglo IX a. C., pero Urías el hijo de Semaías de Quiriat-jearim fue martirizado a finales del siglo VII a. C. por el rey Joacim (Jer 26:20–23).

Una respuesta más plausible es que Jesús estuviera haciendo una referencia canónica, es decir, aludiendo al principio y al final del canon hebreo según el orden establecido por los judíos de la época de Jesús. Como vimos anteriormente en la lista proporcionada por el Talmud babilónico, el último libro de su canon era Crónicas (no Malaquías como aparece en nuestras Biblias cristianas modernas), y esto coincide precisamente con el comentario de Jesús, ya que el asesinato de Abel se registra en Génesis 4:8 (casi al principio del primer libro del canon hebreo) y el asesinato de Zacarías en 2 Crónicas 24:20–21 (casi al final del último libro del canon hebreo). De este modo, Jesús está diciendo que los judíos habían matado a los profetas que Dios les había enviado desde el principio del canon hebreo hasta su final, como diciendo que las Escrituras hebreas estaban llenas "de principio a fin" de hombres justos martirizados por su justicia. La aplicación que esto tiene a nuestro tema actual sobre el canon es que Jesús solo incluía los martirios mencionados en las Escrituras hebreas, y que terminaron con Crónicas, no con los libros apócrifos (donde aparecen algunos mártires judíos).

Tradición

El testimonio cristiano más antiguo que tenemos del canon del Antiguo Testamento procede de Melitón de Sardis (c. 170 d. C.). En este texto, un tal Onésimo había preguntado a Melitón sobre la Biblia, y concretamente sobre el número de libros y su orden en el canon hebreo, y en respuesta Melitón escribe:

> Así, pues, habiendo subido a Oriente y llegado hasta el lugar en que se proclamó y se realizó, me informé con exactitud de los libros del Antiguo Testamento. Los he ordenado y te los envío. Sus nombres son: cinco de Moisés: Génesis, Éxodo, Números, Levítico, Deuteronomio; Jesús de Navé, Jueces, Rut; cuatro de los Reyes, dos de los Paralipómenos; Salmos de David; Proverbios de Salomón, o también Sabiduría; Eclesiastés, Cantar de los Cantares, Job; de los profetas Isaías, Jeremías, los doce en un solo libro, Daniel, Ezequiel; Esdras.[23]

La lista que Melitón ha proporcionado es única en su suma —25 o 26 libros, según se entienda la frase "también Sabiduría"—, pero básicamente reproduce el canon judío que vimos anteriormente.[24] La frase "también Sabiduría" podría interpretarse de dos formas: la interpretación menos probable es que se trate de una referencia al libro apócrifo Sabiduría de Salomón, y la más probable es que se trate de otro nombre por el que se conoce el libro de Proverbios de Salomón, como si dijera "Proverbios de Salomón, o también [llamado] Sabiduría". El libro de Ester no está, pero hay una posibilidad de que fuera omitido por accidente. Aparte de estas salvedades, la lista de Melitón reproduce el canon protestante del Antiguo Testamento y no dice nada de los libros apócrifos. Otros escritores paleocristianos como Orígenes,

---

[23] Eusebio de Cesarea, *Historia Eclesiástica*, trad. Argimiro VELAS-CO-DELGADO (Madrid: Biblioteca de Autores Cristianos, 2001), 257.

[24] Si se suman los cuatro libros de los Reyes como un solo libro y los dos de los Paralipómenos (i.e., Crónicas) como un solo libro —algo muy común en las listas de la época—, el número de libros llega a 21 o 22, dependiendo de si "Sabiduría" cuenta como un libro aparte del libro de Proverbios y de si la omisión de Ester fue un accidente.

Cirilo de Jerusalén, Hilario de Poitiers, Atanasio, Gregorio de Nazancio y Epifanio también proporcionaron listas canónicas muy similares a la de Melitón.[25] La mejor manera de interpretar un acuerdo tan generalizado es sugerir que los cristianos simplemente adoptaron las Escrituras hebreas como propias.

El exponente patrístico más influyente del canon judío fue Jerónimo, cuyos prefacios a los diferentes libros de la Biblia que incluyó en la *Vulgata* influirían en los eruditos de toda la Edad Media. En su prefacio a los libros de Samuel y Reyes, reproduce una lista canónica que contiene los 22 libros del canon hebreo (que corresponden a los 39 libros del canon protestante) y rechaza explícitamente los libros apócrifos como canónicos. Más adelante, en su prefacio a los libros de Salomón, escribe que los libros apócrifos —concretamente Judit, Tobías y 1–2 Macabeos, pero muy probablemente implicando también los otros— "son para la edificación de los fieles, pero no para confirmar la doctrina de la Iglesia". La postura de Jerónimo de excluir los libros apócrifos del canon y de la confirmación de la doctrina, pero permitiendo su lectura para edificación, será adoptada por muchos autores posteriores a lo largo del siguiente milenio como Rufino de Aquila, Juan de Damasco, Hugo de San Víctor, Juan de Salisbury, Guillermo de Ockham, Nicolás de Lira y Juan Wiclif.[26]

---

[25] Para Orígenes, cf. Eusebio, *HE* 6.25.1–2; Cirilo de Jerusalén, *Catequesis* 4.33, 35; Hilario de Poitiers, *Prol. Ps.*, 15; Atanasio, Carta pascual 39; Gregorio Nacianceno, *De los verdaderos libros de la Escritura*; Epifanio, *Panarion*, 1.8.6.1–2; *Sobre los pesos y medidas*, 4–5.

[26] Rufino de Aquila, *Comm. Simb. Apost.* 34–36; Juan Damasceno, *La fe ortodoxa*, 4.17; Hugo de San Víctor, *De scripturis et scriptoribus sacris*, 6; Juan de Salisbury, *Ep.* 143; Guillermo de Ockham, *Dialogus de Imperio et Pontificia Potestae*, 3.1.16; Nicolás de Lira, *Pref. Tob.* en su *Postillas*; Juan Wiclif, *De la verdad de las santas Escrituras*, 1:233, 242.

En resumen, toda la evidencia que hemos visto —los mismos libros apócrifos, la tradición judía, Jesús, la Iglesia patrística y una parte importante de la Iglesia medieval— comparte la misma interpretación de qué libros pertenecen al canon veterotestamentario: los judíos los cifran en 22 y los católicos reformados en 39, pero ambos se refieren a los mismos contenidos. Para que quede claro, no pretendo dar la impresión de que esta era la única lista canónica que tenían los cristianos. De hecho, Agustín afirmó que los libros apócrifos eran en efecto canónicos, y su influencia dejó huella en algunos autores medievales importantes como el papa Inocencio I, Isidoro de Sevilla y Tomás de Aquino.[27] Sin embargo, lo que sí digo es que la lista canónica católica reformada, que excluye los libros apócrifos, es la más antigua, la más justificada en base de la Biblia y la más extendida en la Iglesia.

Una interpretación católica reformada de los libros apócrifos

Los protestantes no tenemos que temer a los libros apócrifos: fueron escritos por judíos piadosos que pretendían instruir a su pueblo en la fe y la moral del judaísmo de su época. Desde esta perspectiva, no difieren mucho de la lectura de *El progreso del peregrino*, de Juan Bunyan, de los sermones de C. H. Spurgeon o de cualquier otra literatura devocional cristiana: no consideramos que estas obras sean Escritura, pero las leemos para edificación. Así es como podemos considerar los libros apócrifos: no son libros inspirados, pero pueden ser libros inspiradores.

---

[27] Agustín, *Sobre la doctrina cristiana*, 2.12–13; Papa Inocencio I, "Consulenti Tibi"; Isidoro de Sevilla, *Etim.*, 6.1–2; Tomás de Aquino, *Principium biblicum*.

Como dije al inicio del capítulo, tenemos dos opciones respecto a qué hacer con los libros apócrifos. Primero, los podemos ignorar. En el mundo de habla hispana, desde el siglo XIX ha sido la postura más común, en gran parte debido al hecho de que, por primera vez, se imprimía la Biblia sin los libros apócrifos. Segundo, podemos recuperar la postura histórica de la Iglesia y leerlos como libros inspiradores, pero no inspirados. Podemos tomar como ejemplo la revisión que Cipriano de Valera hizo a la Biblia del Oso de Casiodoro de Reina: agrupó los libros apócrifos, los metió entre el Antiguo y el Nuevo Testamento y los señalizó claramente como apócrifos y no canónicos. De esta manera, permitía que los cristianos los pudieran leer para edificación, pero también impedía que los pudieran confundir como Escritura inspirada. De momento, no parece que una opción sea claramente mejor que la otra, pero sea cual sea la que escojamos, evitemos los extremos de verlos como Escritura, por un lado, y como malditos, por otro.

CAPÍTULO 5

El número de los sacramentos

Siete sacramentos o dos

El número de sacramentos que la Iglesia reconoce es otro tema que separa a los católicos romanos de los católicos reformados, pero al igual que la cuestión del canon, es relativamente menos importante que otras cuestiones que veremos más adelante, porque ambas tradiciones realizan el mismo número, o casi el mismo número, de actos litúrgicos. La principal diferencia es que los católicos romanos entienden estos actos litúrgicos como "sacramentos", mientras que los católicos reformados entendemos que solo dos son propiamente llamados "sacramentos" u "ordenanzas" y los demás son "ritos", o incluso "ritos sacramentales". Ambas partes los entienden como medios por los que Dios se ofrece a su Iglesia, pero los católicos reformados entendemos que el bautismo y la Santa cena son únicos.

La idea de que la Iglesia tiene siete sacramentos comenzó a tomar forma a mediados del siglo XII, cuando Pedro Lombardo enumeró los siete sacramentos en su muy influyente obra *Las Sentencias*: el bautismo, la confirmación, la eucaristía, la penitencia, la extremaunción, las órdenes y el matrimonio.[28] Poco después, en 1274, en la cuarta sesión del Segundo Concilio de Lyon, las Iglesias católica romana y ortodoxa confesaron juntas que había siete sacramentos y en 1439, en la octava sesión del Concilio de Ferrara, la Iglesia armenia confesó lo mismo.[29] Por tanto, es justo decir que, para finales de la Edad Media, esencialmente toda la Iglesia había llegado a aceptar siete sacramentos.

Antes de ver la evidencia de la Biblia y la tradición, es necesario precisar a qué nos referimos con el término "sacramento". La Biblia no nos lo define, así que tenemos que hacerlo nosotros. Quizá la definición más básica, y también más citada, es la que ofreció Agustín en el siglo V: los sacramentos son señales visibles de gracia invisible.[30] Pero fue Hugo de San Víctor (m. 1141) quien ofreció, a mi parecer, la definición más completa y satisfactoria de los sacramentos, asociándolos con la obra de cada persona de la Trinidad: "Un sacramento es un elemento corporal o material perceptiblemente colocado en el exterior, que representa por semejanza, y que significa por institución, y que contiene por santificación alguna gracia invisible y espiritual".[31] Poco después, hace explícito que representar por semejanza está conectado con la obra del Padre como Creador, significar por institución con la obra del Hijo como Salvador y contener por santificación con la obra del Espíritu como Dispensador. Aunque con otros enfoques, esta idea de los sacramentos fue recibida por los protestantes, que también recalcaban la

---

[28] Pedro LOMBARDO, *Las Sentencias*, 4.2.1. Curiosamente, Lombardo reconoce que solo tres sacramentos fueron instituidos en el NT: el bautismo, la confirmación y la Santa cena (*Sentencias* 4.22.2).

[29] Para los textos, cf. Heinrich DENZINGER y Peter HÜNERMANN (eds.), *Enchiridon symbolorum dfinitionum et declarationum de rebus fidei et morum*, trad. Bernabé DALMAU *et al.*, 2ª ed. (Barcelona: Editorial Herder, 2017), 376 (*860), 442 (*1310).

[30] Cf. Agustín, *Epístola* 105.3.12.

[31] Hugo de San Víctor, *De los sacramentos de la fe cristiana*, 1.9.2.

conexión íntima entre la Palabra y el elemento. En resumen, podemos decir que un sacramento es algo creado por el Padre, mandado por el Hijo y santificado por el Espíritu, y son medios por los que Dios se ofrece a su Iglesia.

Escritura

El Nuevo Testamento solo habla de dos sacramentos (u ordenanzas) que usan elementos corporales que representan por semejanza, significan por institución y contienen por santificación alguna gracia invisible y espiritual: el bautismo y la Santa cena. El bautismo usa el agua que representa por semejanza, entre otras cosas, el lavamiento espiritual y nuestra identificación con la muerte de Cristo (Tit 3:5; Rom 6:3), fue instituido por Cristo en Mateo 28:19 y contiene la santificación del Espíritu (e.g., Mt 3:11; 1 Cor 12:13). Asimismo, la Santa cena usa el pan y el vino que representan por semejanza el cuerpo y la sangre de Cristo, fue instituido por Cristo en Mateo 26:26–29 y textos paralelos y contiene la santificación del Espíritu (Jn 6:54, 63). Más allá de estos dos sacramentos, no hay otro rito litúrgico que cumple con los tres requisitos indicados arriba.

¿Qué hacemos, entonces, con los otros actos litúrgicos que la Iglesia católica romana reconoce como sacramentos? La respuesta difiere dependiendo del acto bajo cuestión, pero en general, los vemos como ritos útiles y edificantes, pero no sacramentos propiamente dichos. Resumamos cada uno brevemente. Muchos protestantes consideran que la confirmación forma parte del sacramento del bautismo (Hch 8:14–17), por lo que tal vez sea algo que católicos romanos y católicos reformados tenemos en común, pero entendido de dos maneras diferentes. En la Edad Media, la traducción de la *Vulgata* de Mateo 4:17 llegó a interpretarse como que Jesús ordenaba a sus seguidores "haced penitencia", justificando así la penitencia como otro sacramento, pero los humanistas y los reformadores del siglo XVI señalaron correctamente que se trataba de un error de traducción y/o de interpretación del griego original que simplemente significaba "arrepentíos". Así, aunque los protestantes nos arrepentimos y confesamos nuestros pecados unos a otros (Stg 5:16), no consideramos que esto sea un sacramento. También ungimos a los enfermos (Stg 5:14–15), ordenamos clérigos (1 Tim 4:14) y celebramos matrimonios (Jn 2:1–11; Ef 5:32), pero, de nuevo, no se trata de sacramentos, sino de ritos sagrados. A mediados del siglo XVI, Casiodoro de Reina enunció la postura católica reformada sobre estos cinco ritos: "aunque los tenemos y observamos por ritos sacros y necesarios, instituidos de Dios, no los llamamos ni tenemos por sacramentos".[32] Repitiendo lo que dije arriba, los protestantes consideramos toda la vida sacramental en el sentido de que todo puede ser un medio por el que Dios se nos ofrece, pero como el bautismo y la Santa cena son los dos únicos actos litúrgicos que corresponden a la definición proporcionada arriba, mantenemos una distinción entre ellos y todo lo demás.

Tradición

Por una parte, en la época patrística la palabra "sacramento" carecía de la definición precisa que llegó a tener en la Edad Media, por lo que usaban el término para referirse a toda una serie de cosas a las que nadie se refiere hoy en día. Por ejemplo, para Cipriano de Cartago, cosas como la unidad de la Iglesia, la tradición eclesiástica y la oración eran sacramentos;[33] para Hilario de Poitiers, cosas como la cruz y

---

[32] *Credo. La confesión de fe de Casiodoro de Reina*, ed. Andrés MESSMER y el equipo Credo (Trujillo, Perú: Translation Committee, 2023), 61 (§11.3).

[33] *Ep. Ad Pompeium contra Ep. Stephani*, 11; *De oratione Dominica*, 35.

el sufrimiento de Cristo eran sacramentos;[34] y para Agustín, cosas como la muerte y la resurrección de Jesús y realidades del Antiguo Testamento como la circuncisión y el Sabbath eran sacramentos.[35]

Por otra parte, y a pesar de esta imprecisión, existía un consenso en la Iglesia del primer milenio de que solo había dos sacramentos, o posiblemente tres. Tertuliano (siglo III) se refería a dos sacramentos, el bautismo y la Santa cena, y tal vez a un tercero, la confirmación.[36] Ambrosio (siglo IV) dedicó un tratado entero a los sacramentos y solo trató dos: el bautismo y la Santa cena. Tras analizar el bautismo, abordó la unción con aceite, pero parece que la entendía como parte del bautismo.[37] Isidoro de Sevilla (siglo VII) afirmó: "Los sacramentos, pues, son el bautismo y la unción, y el cuerpo y la sangre [del Señor]", significando "unción" probablemente lo mismo que la unción con aceite de Ambrosio.[38] Por último, en su tratado sobre la Santa cena, Pascasio Radberto (siglo IX) afirmó claramente: "Los sacramentos de Cristo en la iglesia son el bautismo y la unción, y el cuerpo y la sangre del Señor", considerando una vez más "unción" como parte del rito bautismal.[39] Es significativo que pocos o ningún Padre de la Iglesia afirmara que la penitencia, la unción de los enfermos, el matrimonio o la ordenación fueran sacramentos. Realizaban estos actos litúrgicos en sus iglesias, pero de nuevo, para usar nuestro lenguaje anterior, los habrían considerado ritos sagrados o sacramentales, no elevándolos al mismo nivel que los sacramentos del bautismo y

---

[34] *Com. Mat.*, cap. 11; 23.

[35] *Ep.* 55.17; 140.30; *De Spiritu et Littera*, 1.21.

[36] Para el bautismo, cf. *De bapt.*, 9; para la Santa cena, cf. *De corona*, 3; para la confirmación, cf. *Con. Mar.*, 1.14; *De res. Carnis*, 8.

[37] Ambrosio de Milán, *De mysteriis*.

[38] Isidoro de Sevilla, *Etim.* 6.19.39.

[39] Pascasio Radberto, *De corpore*, 3.2.

la eucaristía.[40] En resumen, durante el primer milenio de la historia de la Iglesia, hubo un consenso en que la Iglesia celebraba dos sacramentos (o quizá tres) y algunos otros ritos sagrados, que es lo que seguimos profesando hoy los católicos reformados.

Una interpretación católica reformada de los sacramentos

Los protestantes solo reconocemos dos sacramentos: el bautismo y la Santa cena. En esto, hemos acertado. Sin embargo, durante los últimos siglos, se ha empobrecido nuestra teología de los sacramentos, quizá en parte debido a la influencia de la Ilustración y el menosprecio que tenía por el mundo físico. Creo que debemos mejorar nuestra teología sacramental en tres aspectos. Primero, tenemos que recuperar una teología profunda y robusta del bautismo y de la Santa cena. Muchas iglesias protestantes ven la Santa cena como algo opcional que se puede hacer o no después de la predicación, y muchos han despreciado tanto el bautismo que pueden pasar años antes de que alguien finalmente se bautice (como anécdota, en una ocasión escuché a un pastor decir que el bautismo no era más que mojarse). Para tal fin, recomiendo que leamos las fuentes patrísticas, medievales y reformadas sobre el tema, y tomemos en serio su conexión entre los reinos físico y espiritual. Segundo, tenemos que mejorar nuestra teología de los ritos sagrados. Muchos no piensan en la unción a los enfermos, no tienen estándares altos para la ordenación pastoral y no saben cómo tratar adecuadamente a los que caen en el pecado y quieren ser restaurados. Son puntos débiles en la Iglesia

---

[40] En su carta a Januario en c. 400 (*Ep.* 54), Agustín menciona específicamente el bautismo y la eucaristía, pero luego alude a "cualquier otra cosa ordenada en los escritos canónicos". Sencillamente no sabemos qué tenía en mente Agustín aquí.

actual, pero tenemos los recursos que necesitamos en nuestra propia herencia espiritual. Tercero, tenemos que recuperar el carácter sacramental del mundo y reconocer que todo puede ser un medio para la gracia de Dios en nuestras vidas. El arte, la naturaleza, el descanso, la comida, etc., Dios puede usar todo para enseñarnos más sobre él.

CAPÍTULO 6

La presencia de Cristo en la eucaristía

Física o espiritual

El título del capítulo es un poco engañoso, pero lo he utilizado porque así es como mucha gente discute actualmente la cuestión. Si hubiera puesto un título que reflejara el tema como las generaciones anteriores lo entendieron, habría sido algo así: "La presencia del pan y del vino en la eucaristía: Aniquilada o presente".[41] En otras palabras, aunque el tema hoy en día suele plantearse como si tuviera que ver con la presencia de Cristo en el pan y en el vino, en realidad tiene que ver con la presencia del pan y el vino después de que se pronuncian las palabras de consagración.[42] Los católicos romanos y los católicos reformados estamos de acuerdo en que Cristo está presente (de un modo u otro), pero discrepamos acerca del modo de la presencia de Cristo, y por tanto sobre la presencia del pan y el vino tras las palabras de consagración.

---

[41] "Eucaristía" es una transliteración de la palabra griega para "acción de gracias". Los protestantes solemos usar las palabras "Santa cena" o "Cena del Señor", pero todas se refieren a la misma realidad.

[42] Las palabras de consagración se refieren a cuando el obispo o el pastor dice: "Este en mi cuerpo" y "Esta es mi sangre".

Antes de continuar, debo explicar algunas ideas y términos clave que reaparecerán a lo largo de este capítulo. En la Edad Media, las obras de Aristóteles se tradujeron al latín, lo que proporcionó a los cristianos occidentales nuevas categorías para explicar conceptos filosóficos y teológicos. Dos de estas categorías fueron la *sustancia* y los *accidentes*. A nuestros efectos, podemos decir que una sustancia es un sujeto concreto e individual que posee propiedades esenciales y accidentales, y que un accidente es una propiedad accesoria de una sustancia que puede añadirse o eliminarse sin alterar dicha sustancia. Por ejemplo, puede decirse que Sócrates es una sustancia: es un sujeto concreto e individual que tiene propiedades esenciales y accidentales. En cuanto a sus propiedades esenciales, hay algunas cosas en él que, si cambiaran, dejaría de ser Sócrates y sería otra persona. Por ejemplo, no podemos cambiar los poderes racionales de Sócrates por los de otra persona y seguir llamándole Sócrates; sería otra persona. En cuanto a sus propiedades accidentales, Sócrates tiene cosas como pelo, su color de piel, su barba, ... estos pueden añadirse o quitarse y Sócrates sigue siendo Sócrates.

¿Cómo se aplica esto a la eucaristía? Los teólogos de finales de la Edad Media, y muy especialmente Tomás de Aquino, aplicaron las categorías de sustancia y accidentes al pan y al vino de la eucaristía y argumentaron que, tras las palabras de consagración, el pan y el vino dejaban de existir sustancialmente, y eran transubstanciados en el cuerpo y la sangre de Cristo. Esta transubstanciación no afectaba a las propiedades accidentales del pan y del vino, que es la razón por la que el pan y el vino seguían teniendo la misma apariencia, olor, aspecto y sabor que el pan y el vino normales, pero en sus niveles más básicos de sustancia, el pan y el vino ya no estaban ahí, y en su lugar estaban el cuerpo y la sangre de Cristo.

Volviendo ahora a nuestro debate, en la Edad Media, la relación de los laicos con la eucaristía era mínima: la mayoría recibía la eucaristía solo una vez al año en Pascua, y los otros 51 domingos se les decía que miraran a la eucaristía y adoraran a Cristo desde sus asientos. Además, cuando comulgaban en Pascua, solo recibían el pan porque la Iglesia consideraba inadecuado darles vino, ya que podían deshonrarlo derramándolo en el suelo, por ejemplo.[43]

Esta relación mínima entre los laicos y el pan y el vino se debía a la concepción de la eucaristía que el cristianismo occidental tenía y que he descrito anteriormente: la Iglesia entendía que el cuerpo y la sangre de Cristo estaban sustancialmente presentes en el pan y en el vino después de las palabras de consagración, de tal manera que el pan y el vino dejaban de existir sustancialmente y se transformaban en el cuerpo y la sangre de Cristo. El primer autor que defendió lo que más tarde se conocería como transubstanciación fue Pascasio Radberto (siglo IX), que escribió la obra *El cuerpo y la sangre del Señor*, y le siguió Lanfranc (siglo XII), que escribió *sobre el cuerpo y la sangre del Señor*. En el siglo siguiente, en el IV Concilio Lateranense (1215), la transubstanciación se convirtió oficialmente en dogma. Como consecuencia de esta teología, los laicos tenían que adorar la hostia como si Cristo mismo estuviera presente (porque lo estaba) y en el año 1264 el papa Urbano IV estableció la festividad del Corpus Christi, en la que la eucaristía se sacaba fuera de la iglesia en procesión por la ciudad.

Aparte de unos pocos teólogos como Ulrico Zuinglio y aquellos en los que él influyó, los reformadores protestantes no discutieron la presencia de Cristo en la eucaristía, sino el modo de su presencia. Tenían dos grandes problemas con

---

[43] Por esa época, la Iglesia occidental también desarrolló la doctrina de la concomitancia, que afirma que el Cristo al completo, cuerpo y sangre, está presente en cada elemento, de manera que alguien que solo participaba del pan estaba participando del cuerpo y la sangre de Cristo. Esto va claramente en contra de la enseñanza del NT de que todos deben recibir el pan y el vino.

la transubstanciación. En primer lugar, parecía una manera burda de entender la presencia de Cristo: los cristianos mastican, tragan, digieren y finalmente expulsan el cuerpo y la sangre de Cristo. En segundo lugar, para que se produzca la transubstanciación, se requieren que pasen dos cosas contraintuitivas: las sustancias de pan y vino tienen que estar separadas de sus accidentes (algo con lo que el mismo Aristóteles no habría estado de acuerdo) y las sustancias de pan y vino tienen que dejar de existir, lo que implica que Dios aniquila su propia creación. Debido a estas cuestiones, los reformadores rechazaron la transubstanciación, y junto con su protesta, comenzaron a ofrecer tanto el pan como el vino a los laicos y abolieron la fiesta del Corpus Christi.

Escritura

A pesar de lo que fue la práctica de la Iglesia occidental en la Edad Media, la Escritura simplemente asume que los laicos deben recibir el pan y el vino. Por ejemplo, cuando Pablo reprendía a los corintios por su comportamiento durante las reuniones de la iglesia, daba por sentado que todos participaban tanto del pan como del vino (1 Co 11:21–22, 26–29). De hecho, podría argumentarse que, si alguna vez hubo un momento para que Pablo dejara claro que los laicos no debían recibir vino, es cuando estaban bebiendo tanto que se estaban emborrachando (1 Co 11:21). Sin embargo, no es esto lo que hizo y en su lugar les dijo que participaran del pan y del vino correctamente, esperándose unos a otros y evitando excederse. Los católicos romanos reimplantaron el reparto del pan y del vino en el Concilio Vaticano II y los católicos reformados nos alegramos de ver estos cambios en ellos.

En cuanto a la presencia sustantiva del pan y el vino tras las palabras de consagración, una vez más, el Nuevo Testamento simplemente asume que siguen siendo pan y vino. Volviendo a Pablo y a la iglesia de Corinto, él da por sentado que la gente está comiendo pan y bebiendo vino, y esto después de haber sido consagrados: Pablo habla del "pan que partimos" y del que "todos participamos" (1 Co 10:16–17), y el "partir" y el "participar" solo ocurren después de que el pan haya sido consagrado.

En cuanto a la presencia de Cristo en el sacramento, Jesús dijo muchas cosas que implican su presencia especial cuando la iglesia se reúne para el culto (e.g., Mt 18:20), pero lo más importante es que relacionó su cuerpo y su sangre tan estrechamente con el pan y el vino que podía utilizar los términos indistintamente (e.g., Jn 6:53–58; 1 Co 11:24–25). Pablo incluso llegó a decir que "participamos" o "tenemos comunión" en el cuerpo y la sangre de Cristo cuando celebramos la Cena del Señor: "La copa de bendición que bendecimos, ¿no es la comunión de la sangre de Cristo? El pan que partimos, ¿no es la comunión del cuerpo de Cristo?" (1 Co 10:16).

En resumen, la imagen general que se desprende de la Escritura es que los cristianos participamos tanto del pan como del vino, que el pan y el vino siguen siendo pan y vino y que Cristo está presente.

Tradición

Dado que católicos romanos y protestantes estamos ahora de acuerdo en que el pan y el vino deben ofrecerse a todos, nuestro estudio de la tradición de la Iglesia se centrará en que el pan y el vino siguen siendo pan y vino después de las palabras de consagración y en la presencia de Cristo en la eucaristía. A finales del siglo II, Ireneo escribió su famosa obra *Contra las herejías*, en la que dijo: "el pan, que proviene de la tierra, después de recibir la invocación de Dios, ya no es un pan ordinario; sino la eucaristía, constituida de dos cosas: una celeste, otra terrestre".[44] Es decir, el pan es sagrado y hay un elemento celeste, pero sigue siendo pan. A principios del siglo III, Tertuliano escribió: "llamando al pan su cuerpo, para que entendáis por esto que dio al pan la forma de su cuerpo".[45] A mediados del siglo V, Teodoreto de Ciro afirmó que el pan y el vino permanecen después de las palabras de consagración: "Después de la consagración los símbolos místicos no cambian su propia naturaleza, porque permanece en su sustancia, forma y aspecto precedente: son visibles y tangibles tal y como lo eran antes, pero se consideran en lo que han llegado a ser, y se creen y se veneran como aquellas realidades que se cree que son".[46] Lo interesante del testimonio de Teodoreto es que forma parte de un argumento más amplio en relación a las dos naturalezas de Cristo: al igual que Cristo era plenamente Dios y plenamente humano y siguió siendo plenamente humano después de que el Hijo de Dios asumiera la humanidad, también el pan y el vino están compuestos de componentes físicos y espirituales, después de que Cristo se hace presente. Finalmente, comentando las palabras de Jesús en Juan 6:53 de que tenemos que comer su carne y beber su sangre, Agustín escribió en su influyente obra *De doctrina cristiana:* "Aquí parece mandarse una iniquidad o una maldad; luego es una locución figurada por la que se nos recomienda la participación en la pasión del Señor, y se nos amonesta que suave y útilmente retengamos en nuestra memoria que su carne fue llagada y crucificada por nosotros".[47]

---

[44] Ireneo, *Contra las herejías*, trad. Jesús GARITAONANDIA CURRUCA, tomo 4 (Sevilla: Apostolado Mariano, 1994), 73 (4.18.5).

[45] Tertuliano, *Contra Marción*, 3.19 (trad. del autor).

[46] Teodoreto de Ciro, *El mendigo*, trad. Francisco María FERNÁNDEZ JIMÉNEZ (Madrid: Ciudad Nueva, 2006), 196 (Diálogo 2).

[47] Agustín, *De doctrina cristiana* 3.16 (trad. disponible online: www.augustinus.it).

Es cierto que algunos autores patrísticos utilizaron el término "conversión" al referirse a lo que ocurría con el pan y el vino, pero como escribió Juan Calvino: "no para aniquilar la sustancia de los signos externos, sino para enseñar que el pan dedicado a este misterio es diferente del pan común, y muy distinto del que antes allí había. Pero todos ellos afirman claramente que la Santa Cena consiste en dos cosas: una terrena y otra celestial".[48] En resumen, podemos decir que hay numerosas referencias a la presencia espiritual o misteriosa de Cristo en el pan y en el vino, pero ni una sola referencia clara a lo que más tarde se conocería como transubstanciación.

Esta enseñanza continuó en la Iglesia medieval. Ratramno de Corbie escribió *El cuerpo y la sangre de Cristo* hacia el 840 (respondiendo a Pascasio Radberto), Berengario de Tours escribió *Sobre la Santa Cena* hacia el 1050 y John Wiclif escribió *Sobre la Eucaristía* en 1380. Todas estas obras tienen en común el rechazo de la transubstanciación y la defensa de una manera espiritual, simbólica, figurativa y/o mística de entender la presencia de Cristo en la eucaristía. Si se examinan sus escritos en conjunto, se observan seis argumentos importantes.

En primer lugar, reivindicaron el apoyo de los Padres. Esto es importante porque, conscientemente, no trataban de innovar, sino más bien de preservar la enseñanza que los autores patrísticos habían transmitido (parte de la cual he aportado anteriormente). Citaron a Jerónimo, Ambrosio, Agustín, Fulgencio de Ruspe, Isidoro de Sevilla y otros, en su intento de fundamentar su interpretación en la tradición de la Iglesia. En particular, en el primer debate

---

[48] Juan CALVINO, *Institución de la religión cristiana*, 4ª ed., trad. Cipriano DE VALERA y Luis DE USOZ Y RÍO, tomo 2 (Barcelona: Fundación Editorial de Literatura Reformada, 1994), 1080–1081 (4.17.14).

sobre la eucaristía entre Pascasio Radberto y Ratramno, las citas patrísticas de este último superaron con creces a las del primero.

En segundo lugar, y conectado con el punto anterior, la transubstanciación iba en contra de ciertas oraciones aceptadas en la liturgia. Por ejemplo, Ratramno aportó dos oraciones que hablaban de los sacramentos como promesa e imagen, y como conteniendo algo mayor que ellos mismos (i.e., simple pan y vino): "Al recibir el símbolo de la vida eterna, oramos humildemente para que, lo que tocamos a imagen del sacramento, tengamos una clara participación" y "Que tus sacramentos se perfeccionen en nosotros, te pedimos, Señor, lo que contienen, para que lo que ahora tenemos en apariencia, lo recibamos en verdad".[49] El argumento de Ratramno es que la propia liturgia reforzaba su postura, y dado que la liturgia típicamente es conservadora y representa la fe de muchos cristianos, es un argumento a favor de la antigüedad y universalidad de su postura.

En tercer lugar, la transubstanciación no dejaba lugar para la fe. Por ejemplo, no se necesita fe para señalar al vecino y decir: "Este es mi vecino", ya que sencillamente se está afirmando una realidad. De la misma manera, según la teoría de la transubstanciación, no se necesita fe para señalar el sacramento y decir: "Este es Cristo", ya que simplemente se está afirmado la realidad a un nivel sustancial. Sin embargo, si los sacramentos han de recibirse por la fe —algo en lo que ambos lados están de acuerdo—, entonces la transubstanciación elimina la necesidad de la fe, puesto que el pan y el vino ya no existen como tales, sino que son el cuerpo y la sangre de Cristo.

---

[49] George McCRACKEN, *Early Medieval Theology* (London: SCM Press Ltd., 1957), 142–143 (trad. del autor).

En cuarto lugar, la transubstanciación era incompatible con la manera en que la Iglesia entendía la relación entre las sustancias divina y física en otros sacramentos. Por ejemplo, en el bautismo, aunque la Iglesia afirma que Cristo nos bautiza en el Espíritu Santo (e.g., Mt 3:11), nadie sostiene que el agua se transubstancia en el Espíritu Santo. Por el contrario, todos estamos de acuerdo en que el agua sigue siendo agua sustancialmente, pero que el Espíritu Santo también está presente, aunque de una manera espiritual, simbólica, figurativa y/o mística. Por tanto, si queremos ser coherentes en nuestra teología sacramental, o tenemos que insistir en que el agua del bautismo se convierte en el Espíritu Santo (que parece absurdo) o tenemos que insistir en que el pan y el vino no se convierten sustancialmente en el cuerpo y la sangre de Cristo (que parece razonable).

En quinto lugar, parecía incompatible con el carácter de Dios crear una sustancia como el pan o el vino, y luego aniquilarla. Dios no destruye su creación, pero esto es imprescindible para que funcione la transubstanciación. Esta es una de las ideas contraintuitivas a la que se opusieron los reformadores, y que expliqué antes.

En sexto lugar, la transubstanciación conduciría al escepticismo radical debido a que separa la sustancia de sus accidentes. Si la gente ve algo que parece, huele, tiene la apariencia y sabe a pan, pero en realidad es el cuerpo de Cristo, ¿qué propósito tienen nuestros sentidos? Cualquier cosa puede ser algo distinto de lo que parece ser, y no hay forma de saber lo que algo realmente es aparte de la revelación divina. Al explicar la transubstanciación, Tomás de Aquino separó las sustancias del pan y el vino de sus accidentes, algo que el mismo Aristóteles no hizo, y a lo que John Wiclif se negó. Esta fue la otra idea contraintuitiva a la que se opusieron los reformadores.

Una interpretación católica reformada de la eucaristía. ¿Podemos tener unidad?

Los católicos reformados somos los herederos de una importante línea del pensamiento patrístico y medieval del primer milenio de la historia de la Iglesia. Y lo que es más importante, hemos recuperado la enseñanza de la Escritura al respecto. Desgraciadamente, sin embargo, los reformadores protestantes del siglo XVI fueron incapaces de alcanzar un consenso sobre suficientes aspectos relacionados con la eucaristía como para unir a los diferentes movimientos. Consiguieron ponerse de acuerdo sobre el tema de ofrecer tanto el pan como el vino a los laicos y en que el pan y el vino sustancialmente permanecen después de las palabras de consagración, pero no pudieron ponerse de acuerdo en el modo de la presencia de Cristo en los elementos. Al final, surgieron tres interpretaciones diferentes.[50]

La primera posición fue la de Ulrico Zuinglio, quien propuso que Cristo no estaba presente en la eucaristía de una manera especial, sino que, a través de nuestro "recordar" su muerte, Cristo podía hacerse presente en nuestros corazones y mentes. Esta opinión atrajo pocos adeptos en su época, pero desde entonces, y gracias a influencias como la del puritanismo, la Ilustración y el movimiento restauracionista, muchos protestantes británicos y estadounidenses llegaron a sostener este punto de vista y, a través de su influencia y esfuerzos misioneros, se ha extendido a todo el mundo. La segunda posición era la de las iglesias reformadas ("calvinistas"), que interpretaban que Cristo estaba real y verdaderamente presente en la eucaristía por medio del Espíritu Santo. Se negaban a afirmar la presencia corporal de Cristo, pues sostenían que su cuerpo estaba en el cielo,

---

[50] Hay otras cuestiones, como el papel de la fe en la recepción del sacramento, pero no se tratarán aquí.

sentado a la diestra del Padre y, por tanto, no podía estar en ningún otro lugar. Así que, afirmaban que Cristo está real y verdaderamente presente en el pan y en el vino, pero no corporalmente. El tercer punto de vista era el de los luteranos, que entendían que Cristo al completo está presente y, por tanto, su cuerpo debe estar presente también, aunque no como afirman los católicos romanos, sino misteriosamente. Para ser más precisos, afirman que el cuerpo de Cristo está presente sustancialmente, pero no local, corporal o físicamente. Este tema —el modo de la presencia de Cristo— es el tema que dividió a los protestantes en el siglo XVI y, en las tradiciones protestantes confesionales, sigue siendo el caso.

¿Hay alguna manera de que los católicos reformados alcancen una mayor unidad en esta cuestión? Casiodoro de Reina ciertamente así lo pensaba, y me inclino a pensar que tenía razón, o al menos que iba en el sentido correcto. Reina insistía en que reformados y luteranos debían unirse en torno a la única declaración sobre la Santa cena que había sido aprobada tanto por luteranos como por reformados —y no luteranos y reformados desconocidos, sino líderes influyentes como Martín Lutero, Felipe Melanchthon, Martín Bucero y Wolfang Capito. Esta declaración se llama la Concordia de Wittenberg (1536), y su genialidad reside en el hecho de que se utilizó un leguaje intencionadamente ambiguo con el que ambas partes podían estar de acuerdo. La clave estaba en usar la expresión "unión sacramental", que era una manera de afirmar la presencia real de Cristo en la eucaristía, sin exigir una interpretación exclusivamente luterana ni reformada. De este modo, los firmantes pudieron afirmar lo suficiente para unirse sin insistir tanto como para que una o ambas partes no pudieran firmar.

Casiodoro de Reina permaneció firme en su lealtad a la Concordia de Wittemberg hasta el final de su vida, y creo que, si la Iglesia aspira a unirse en el tema de la Santa cena, la Concordia de Wittemberg tiene el mayor potencial para ayudarla en su empeño. Reproduzco a continuación la parte pertinente de la declaración sobre la eucaristía con la esperanza de que, siguiendo el ejemplo de equilibrio entre verdad y gracia de los reformadores españoles, los católicos reformados podamos mostrar una mayor unidad sobre la doctrina de la eucaristía y dejar de convertir el sacramento de la unidad en un sacramento de la discordia:

1. Confiesan, según las palabras de Ireneo, que la eucaristía consiste en dos cosas: la terrenal y la celestial. Por tanto, piensan y enseñan que el cuerpo y sangre de Cristo están presentes, exhibidos y recibidos verdadera y sustancialmente con el pan y vino.

2. Y aunque niegan existir la transubstanciación y no piensan existir el encierre local en el pan, o alguna conjunción duradera fuera del uso del sacramento, sin embargo, conceden que, por una unión sacramental, el pan es el cuerpo de Cristo, esto es, piensen que, al ofrecer el pan, al mismo tiempo el cuerpo de Cristo está presente y verdaderamente exhibido. Pues fuera del uso, cuando está preservado en una caja o mostrado en procesiones, como se hace por los papistas, piensan que el cuerpo de Cristo no está presente.

3. En segundo lugar, piensan que esta institución del sacramento es válida en la Iglesia, y que no depende de la dignidad del ministro o del recipiente. Por eso, como dice Pablo, incluso los indignos comen, así piensan que se ofrece el verdadero cuerpo y sangre del Señor también a los indignos, y que los indignos lo reciben, donde las palabras e institución de Cristo son mantenidos. Pero tales personas lo reciben al juicio, como dice Pablo, porque abusan del sacramento cuando lo usan sin arrepentimiento y fe. Por esta razón fue instituido: para testificar a aquellos que

se arrepienten y erigen su fe en Cristo que les son aplicados los beneficios de Cristo, que son hechos miembros de Cristo y que son purificados por la sangre de Cristo.[51]

---

[51] Andrés MESSMER (ed.), *Clásicos de la fe: Obras selectas de Casiodoro de Reina* (Brentwood, TN: B&H Español, 2023), 312–313 (ligeramente modificado).

CAPÍTULO 7

Imágenes

Veneración, inspiración o exclusión

Una de las diferencias más notables que se percibe al entrar en una iglesia católica romana u ortodoxa y en una iglesia protestante es la estética: Las iglesias católicas romanas y ortodoxas están llenas de imágenes e iconos en las paredes y en los techos, y se veneran los iconos con postraciones, velas encendidas y besos, usándolas además como portales para orar a Dios, a María y a los santos. Lo hacen porque el Concilio de Nicea II del 787 declaró que había que fomentar la fabricación y veneración de iconos porque era una práctica ordenada por los Apóstoles.

Muchas iglesias protestantes, en cambio, carecen en gran medida de esta práctica. Mientras que algunas tradiciones como el luteranismo y el anglicanismo han continuado la práctica de exhibir arte religioso en sus iglesias, no lo hacen al mismo nivel que las iglesias católicas romanas y ortodoxas, y no las veneran ni oran a través de ellas. Otras tradiciones, como la presbiteriana y la bautista, no exhiben ningún tipo de arte religioso —salvo la cruz y otras imágenes no humanas— por convicción teológica, ya que entienden que las imágenes religiosas infringen el segundo de los Diez Mandamientos, que prohíbe la fabricación de imágenes.

Antes de seguir con la evidencia bíblica y tradicional, debo definir algunos términos clave. Una *imagen* se refiere al arte eclesiástico en términos generales, sin reivindicar nada de su condición de icono. Pueden ser retratos de una persona, el relato de una historia, la representación de ángeles, etc. Un *icono* es un tipo especial de imagen que normalmente es bidimensional (no esculturas), movible (no sujeta a una pared o techo), pintada (no mosaicos), personal (no escénica o textual) y no narrativa (solo incluye la persona, no cuenta una historia). Se considera que los iconos hacen presente el mundo espiritual en el mundo físico y deben recibir el mismo respeto que si estuviera presente la persona representada. Nicea II trató de iconos, no simplemente de imágenes. La *veneración* se refiere al respeto mostrado a los iconos mediante postración, besos, encendido de lámparas, etc. La *adoración* se refiere a la gloria, la honra y la alabanza que solo se dan a Dios. Es importante señalar que Nicea II estableció una clara diferencia entre veneración y adoración, y que los iconos y los santos que representan deben ser venerados, pero nunca adorados (pero a nivel práctico, no siempre se ha mantenido esta distinción).[52] Los términos *iconódulos* ("servidores de los iconos") e *iconófilos* ("amantes de los iconos") son sinónimos, y se refieren a las personas que apoyan el uso de los iconos en la liturgia. *Iconoclastas* ("destrozadores de iconos") se refiere a las personas que están en contra del uso de iconos en la adoración, y muchos también están en contra de las imágenes religiosas que representan a personas. En algunas ocasiones, han destrozado imágenes e iconos (de allí, su nombre). *Aniconismo* ("sin iconos") se refiere a la ausencia de iconos, sin abordar la cuestión de si la ausencia es buena o mala, intencionada o no.

---

[52] La delicada cuestión de un icono de Cristo nunca fue resuelta en Nicea II: ¿Debe ser venerado porque es un icono o adorado porque representa a Cristo?

Escritura

Cuando acudimos a la Escritura, encontramos dos corrientes de pensamiento. Por un lado, vemos una rica tradición artística de pintura, bordado, tallado y escultura, incluso dentro del tabernáculo y el templo mismos. Por ejemplo, al entrar en el templo de Salomón, uno se habría visto rodeado de flores, árboles, animales y querubines, todo ricamente coloreado y decorado con oro. La situación habría sido similar en tiempos de Jesús y, aunque él expulsó a los cambistas del templo, no hay ninguna evidencia de que desfigurara las numerosas imágenes que estaban fácilmente a su alcance.

Por otro lado, las Escrituras se toman muy en serio la idolatría, y por tanto hay duras advertencias contra el abuso del arte religioso. El texto fundamental es el segundo mandamiento: "No te harás imagen ni ninguna semejanza de lo que esté arriba en el cielo, ni abajo en la tierra, ni en las aguas debajo de la tierra. No te inclinarás a ellas ni las honrarás" (Ex 20:4–5). Este mandamiento establece que estaba prohibido para los judíos hacer imágenes talladas de Yahveh, y que no debían inclinarse ante ellas ni servirlas. Parece haber dos razones para ello. En primer lugar, como insinúa el texto, no hay nada en el cielo, en la tierra o en el mar que pudiera representar adecuadamente al perfecto, eterno e infinito Dios de Israel. En segundo lugar, como indica Deuteronomio 4:12, 15–19, cuando Dios se reveló a los israelitas en el Monte Sinaí, oyeron su voz, pero no vieron su forma. Dios ocultó intencionadamente una revelación visual de sí mismo, por lo que hacer una imagen de él estaría mal.

Es importante hacer dos observaciones más. En primer lugar, como afirma Éxodo 20:5, inclinarse ante imágenes de talla está prohibido. El hecho de que Dios prohíba ciertos gestos físicos debería hacernos reflexionar sobre cómo debería ser nuestro comportamiento en presencia de obras de arte religioso en las iglesias. En segundo lugar, debemos recordar que incluso el arte religioso divinamente ordenado puede ser objeto de abuso. Por ejemplo, en Números 21:8–9, Dios le dijo a Moisés que hiciera una serpiente de bronce para sanidad de los israelitas que habían sido mordidos por las serpientes ardientes, pero en la época de Ezequías, esta misma serpiente de bronce se había convertido en un ídolo y los israelitas le hacían ofrendas (2 Re 18:4).

En resumen, el panorama que la Escritura nos presenta es que algunas imágenes como plantas, animales y seres angélicos son aceptadas, pero las imágenes de Dios están prohibidas, y ciertos gestos físicos como inclinarse ante imágenes talladas también están prohibidos. Por tanto, la Biblia no es anicónica ni iconoclasta por un lado, y no apoya ciertas prácticas asociadas con el iconodulismo por el otro.

Tradición

En el primer milenio de la historia de la Iglesia, se dieron tres enfoques diferentes sobre la cuestión de las imágenes y los iconos, y aquí presentaré la tradición de la Iglesia en relación con las tres posturas, ya que ello fortalecerá aún más la posición protestante y nos preparará para la sección final del capítulo.

La primera posición fue la iconoclasia. Según el testimonio escrito que ha llegado hasta nuestros días, esta era la postura mayoritaria —y según muchos expertos en el tema, la postura universal— de los cristianos desde la época patrística. Dicha afirmación puede parecer exagerada, pero no lo es. Todos, o casi todos, los textos escritos que tenemos de los primeros seis siglos adoptan una posición rigurosa contra el uso del arte religioso en la iglesia. A lo largo de la época preconstantiniana, los greco-romanos se burlaban de sus iguales cristianos por no tener imágenes de sus dioses en sus lugares sagrados, y la respuesta cristiana no fue insistir en que las tenían o remediar la situación haciéndolas, sino más bien aceptar la crítica y explicar la razón por la que no las tenían: argumentaban que Dios estaba absolutamente separado, y por encima, del ámbito físico y por tanto estaba más allá de la representación mediante objetos físicos.[53] El tratado más antiguo que se escribió sobre las imágenes fue el de Tertuliano a principios del siglo III (*Sobre la idolatría*), y estaba firmemente en contra de ellas. Del siglo IV, se pueden mencionar tres fuentes: el Concilio de Elvira (305/6) decretó en el canon 36: "Se decidió que no debería haber cuadros en la iglesia, para que lo que se reverencia y se adora no se pintara en las paredes", Epifanio escribió: "He dicho muchas veces a mis colegas oficiantes que las imágenes debían ser retiradas", y cuando Constancia, la hermana del Emperador Constantino, pidió a Eusebio de Cesarea que le enviara una imagen de Cristo, su respuesta adquirió la forma de una reprimenda:

> ¿Será que ha olvidado aquel pasaje en el que Dios establece la ley de que no debe hacerse semejanza ni de lo que hay en el cielo ni de lo que hay abajo en la tierra? ¿Alguna vez ha oído algo parecido, ya sea de Ud. misma en la iglesia o de otra persona? ¿No están tales cosas desterradas y excluidas de las iglesias de todo el mundo, y no es de conocimiento común que tales prácticas no nos están permitidas sólo a nosotros?[54]

Eusebio fue el primer gran historiador de la Iglesia, tuvo acceso a una de las mayores bibliotecas de obras cristianas del mundo y estaba muy bien conectado con otros cristianos en el Imperio romano. Por lo tanto, si alguien sabía cuál era la práctica de la Iglesia en aquella época, era él.

---

[53] Por ej., Minucio Félix, *Octavio*, 10; Orígenes, *Contra Celso*, 7.41.
[54] Cyril MANGO, *The Art of the Byzantine Empire 312–1453* (Toronto: University of Toronto Press, 1986), 17 (trad. del autor).

Quizá lo más asombroso sea testimonio de Agustín: aunque obviamente no podía prever lo que el Concilio de Nicea II decretaría y las distinciones que establecería entre veneración y adoración, sus palabras podrían haber sido escritas por un iconoclasta del siglo VIII contrario al Concilio:

> Sin embargo, ¿acaso tienen boca, y no hablan? ¿Por ventura tienen ojos, y no ven? ¿Acaso les suplicamos suplicando a Dios por medio de ellos? La causa principalísima de la insensata impiedad se basa en que tiene más fuerza en los afectos de los miserables la forma semejante al viviente, la cual hace que se le pida, que lo que es evidente, el que ella no vive; y, por tanto, debe ser despreciada por el viviente.[55]

Se podrían aportar más testimonios, pero la evidencia está clara: según el testimonio escrito al que tenemos acceso, la Iglesia patrística era anicónica e iconoclasta. La posición iconoclasta fue confirmada en el Concilio de Hieria del año 754, convocado como concilio ecuménico por el Emperador Constantino V (pero no reconocido como tal después) y contó con 338 signatarios.

La segunda postura se situaba en cierto modo entre la iconoclasia y el iconodulismo, en el sentido de que aceptaba el uso de imágenes en las iglesias, pero rechazaba que se les rindiera culto (i.e., iconos). Este punto de vista, que puede denominarse educativo o inspirador, sostenía que las imágenes sirven para educar a los iletrados e inspirar a todos los cristianos hacia una mayor piedad. La opinión fue memorablemente expuesta por Gregorio Magno en dos cartas que escribió a Sereno, obispo de Marsella, en 599 y 600. Habían llegado noticias a Gregorio de que Sereno había visto que "se adoraban" imágenes en la iglesia y, como respuesta, las había roto (iconoclasia). La respuesta de Gregorio fue que,

---

[55] *Hom. Ps.* 113.6 (trad. disponible online: www.augustinus.it).

aunque Sereno tenía razón al molestarse ante la adoración de las imágenes, no debía haberlas roto porque:

> en las iglesias se exhiben pinturas para que los que no conocen las letras puedan, al menos viendo las paredes, leer lo que no pueden leer en los códices. [...] En efecto, lo que la escritura proporciona a los que pueden leer, se lo ofrece la pintura a los analfabetos que solo pueden mirar, pues en ella los ignorantes ven lo que deben seguir; en ella leen los que no saben leer.[56]

Aunque Gregorio técnicamente no rechazó la postura que más tarde sería formulada en Nicea II, tampoco la apoyó y, en cualquier caso, su concepción del uso de las imágenes en las iglesias es sencillamente diferente.

Anteriormente dije que el testimonio "escrito" que tenemos del periodo patrístico fue iconoclasta, y he escogido esa palabra deliberadamente, ya que no estaba incluyendo la evidencia arqueológica. Sin embargo, cuando la observamos, surge un cuadro diferente: lo que los arqueólogos han encontrado en lugares como las catacumbas romanas y la iglesia de Dura Europos (ambas del siglo III) es que los primeros cristianos hicieron un uso abundante del arte cristiano (incluyendo la representación de Cristo), tanto dentro como fuera de las iglesias, y esto aparentemente por parte de buenos cristianos. Estas imágenes tienen una intención narrativa, es decir, que representan escenas históricas principalmente de la Biblia, por lo que encaja bien con el testimonio posterior de Gregorio Magno. Así pues, parece que no todos los primeros cristianos estaban en contra de todo el arte religioso *per se*, sino más bien en contra de ciertas prácticas asociadas con él, especialmente las que practicaban sus iguales grecorromanos, como inclinarse, encender lámparas,

---

[56] *Epístolas* 13 y 105 (a Sereno de Marsella; trad. disponible online: wwww.fontesmediae.hypotheses.org).

orar, etc. La postura educativa e inspiradora fue confirmada
en el Concilio de Fráncfort del año 794, convocado como
concilio ecuménico por Carlomagno (pero no reconocido
como tal después). Se desconoce el número de signatarios,
pero el hecho de que estuvieran presentes obispos de las actuales Alemania, Bélgica, Francia, Italia, España, Inglaterra
y más, sugiere que una cifra cercana a los 300 signatarios no
es irreal.

La tercera postura era la iconodulia. Los participantes
en Nicea II hicieron algunas afirmaciones muy contunden-
tes sobre las raíces históricas y la continuidad de la iconodulia, alegando que la práctica se remontaba a la época de los
Apóstoles y que la Iglesia siempre había sido iconófila. Por
ejemplo, en la sexta sesión, el diácono Epifanio dijo en nombre del concilio: "Todos nuestros santos padres aceptaron la
realización de imágenes. Están hablando falsamente los que
niegan que esto sea una tradición de los padres", y en una
carta del concilio al clérigo de Constatinopla, declararon:

> En consecuencia, seguimos la tradición de la Iglesia católica.
> No hicimos tachaduras ni adiciones, sino (en palabras de los
> apóstoles) "fuimos enseñados, y conservamos, las tradiciones
> que recibimos", aceptando y abrazando todo lo que la santa
> Iglesia católica nos ha transmitido desde el principio tanto
> por palabra como por escrito. Esto incluye representaciones
> en imágenes pintadas. Por el contrario, todo lo que fue re-
> chazado por nuestros padres inspirados, nosotros también lo
> hemos rechazado y lo consideramos enemigo de la iglesia.[57]

Según el cuadro que Nicea II trataba de dibujar, se podría
pensar que toda la Iglesia había realizado siempre iconos,
los había venerado y había orado por medio de ellos, pero
como hemos visto, la realidad era justamente la contraria: la
posición formulada en Nicea II era inexistente en la Iglesia

---

[57] Richard PRICE, *The Acts of the Second Council of Nicaea (787)*
    (Liverpool University Press, 2020), 481, 588 (trad. del autor).

de los primeros seis siglos, y durante los siglos VII, VIII y IX, era sola una de las tres que los cristianos defendían, y de ninguna manera era la postura mayoritaria. Es cierto que Nicea II citó obras supuestamente escritas por autores del siglo IV como Juan Crisóstomo, Atanasio y otros, pero el consenso de los eruditos es que estas obras eran falsificaciones y no obras auténticas. Además, una de las citas más importantes de Nicea II del siglo IV, que sí era auténtica, venía de Basilio de Cesarea, quien escribió en una de sus obras: "el honor de la imagen pasa al modelo".[58] Ellos interpretaron que esto quería decir que el honor tributado a los iconos pasa a sus arquetipos espirituales, pero el contexto de la cita de Basilio deja claro que él estaba diciendo que el honor que se tributa a Cristo (la imagen del Padre) pasa al Padre (el modelo). Así, su única cita auténtica del siglo IV y aquella en la que basaban gran parte de su argumentación, estaba sacada fuera de su contexto y no hablaba en absoluto de los iconos.

A fin de cuentas, si excluimos de las citas de Nicea II todos los textos falsificados o citados fuera de contexto, encontramos que los textos más antiguos que apoyan claramente la veneración de los iconos solo se remontan al siglo VI o VII. La posición de la veneración de iconos fue confirmada en el Concilio de Nicea II en el año 787, que fue convocado como concilio ecuménico por el emperador Constantino VI y la emperatriz Irene y contó 302 signatarios. A pesar de que hubo dos concilios más en el siglo VIII que afirmaron ser el séptimo concilio ecuménico (i.e., Hieria y Fráncfort), la costumbre ha sido reconocer Nicea II como el "verdadero". Así que, cuando los protestantes hablamos de

---

[58] Giovanna AZZALI BERNARDELLI y Argimiro VELASCO DELAGDO (eds.), *Basilio de Cesarea. El Espíritu Santo*, 2ª ed. (Madrid: Ciudad Nueva, 2015), 183 (18.45).

"los siete concilios ecuménicos", estamos avalando inconscientemente la condición ecuménica de Nicea II.

Una interpretación católica reformada de las imágenes y los iconos

¿Qué se supone que debemos hacer los católicos reformados
con este caótico panorama de imágenes e iconos del primer
milenio? No hay nada comparable: en un periodo de 40
años en el siglo VIII, tres autoproclamados concilios ecuménicos aprobaron diferentes decretos sobre imágenes e iconos,
y la postura más débil, tanto bíblica como históricamente,
fue la que llegó a ser aceptada como dogma de la Iglesia:
Nicea II. Se trata de una cuestión difícil de evaluar, pero me
gustaría hacer algunas sugerencias para ayudar a señalar un
camino a seguir.

En primer lugar, se puede decir que tanto la posición
iconoclasta como la educativa o inspiradora pueden ser jus-
tificadas con las Escrituras y la tradición de la Iglesia. En
este tema, por tanto, debemos estar abiertos a la diversidad,
al menos hasta que podamos alcanzar un mayor acuerdo.
Creo que será más difícil que los iconoclastas muestren gracia hacia aquellos que prefieren las imágenes, ya que muchos
de ellos consideran que las imágenes —especialmente las de
Cristo— infringen el segundo mandamiento. En respuesta,
sencillamente les remitiría a la práctica de la Iglesia primitiva y les preguntaría si piensan que tantos cristianos, incluso
algunos mártires, eran culpables de infringir un mandamiento tan obvio. También les preguntaría si, imaginando que los
del primer siglo tenían la tecnología para hacer fotografías y
grabar videos, habría sido un pecado hacer una foto o grabar un video de Jesús durante su vida terrenal. No obstante, los partidarios del punto de vista educativo o inspirador
deberían recordar lo enérgica que fue la polémica de los

primeros cristianos contra el arte religioso, y que Bernardo de Claraval, el teólogo medieval favorito de los reformadores protestantes, desnudó los monasterios cistercienses, pintó las paredes de blanco y solo permitió que se expusieran cruces y crucifijos.[59] La austeridad en la tradición cristiana es un tema recurrente que tampoco puede ignorarse sin más.

En segundo lugar, no creo que se deba prohibir la veneración de iconos en el catolicismo romano ni en la ortodoxia. Me imagino que esta afirmación puede resultar chocante a algunos lectores, pero déjenme explicar la razón por la que la hago. Si bien es cierto que en ocasiones se ha abusado de la veneración de iconos, también ha sido de gran beneficio para muchas personas que han vivido a lo largo de muchos siglos. Muchos cristianos han utilizado iconos para cultivar su piedad, y no deberíamos apresurarnos a quitárselos. Podría imaginar un escenario en el que los católicos reformados no reconozcamos Nicea II como concilio ecuménico y autoritativo, pero que permitamos que su teología sea aceptada y practicada en las iglesias y tradiciones que las quieren guardar. Hay que señalar que Gregorio Magno y el Concilio de Fráncfort no condenaron la "veneración" de imágenes o iconos, sino más bien su "adoración", que es un matiz fino, pero importante. Confieso que es poco probable que tuvieran en mente tal distinción, pero el lenguaje en sí puede interpretarse para evitar una condena directa de Nicea II (aunque ciertamente tampoco lo respalda). Nos puede ayudar verlo desde una perspectiva más cercana: seamos o no conscientes de ello, muchos protestantes "honramos" los cuadros de nuestros predicadores y teólogos favoritos y tratamos las Biblias, las sillas, los púlpitos, los libros y otros objetos históricos con algo parecido al "honor". Visto desde

---

[59] Ver sobre todo su famosa "Apología dirigida al abad Guillermo", §28.

esta perspectiva, los protestantes no estamos muy aleja-
dos de Nicea II, pero creo que mantenemos mejor la distinción entre la honra y la adoración. En resumen, si bien
tenemos razón al sostener que los iconos no son *necesarios*,
podría imaginar una situación en la que los reconociéramos
como *opcionales*.

En tercer lugar, durante la Edad Media, la Iglesia occidental empezó a representar no solo a Cristo encarnado,
sino también a Dios Padre. Podría defenderse que lo primero sea aceptable, pero cualquier representación del Padre
está fuera de lugar. Deuteronomio 4:12, 15–19 puede haber
cambiado la manera en que los cristianos podemos representar a Cristo, pero no hace nada para cambiar la forma de
representar al Padre, ya que el Padre sigue siendo invisible y
estando más allá de cualquier representación. Los católicos
reformados debemos rechazar cualquier arte occidental que
represente al Padre, lo que desgraciadamente podría incluir
algunas de las obras de arte religioso más famosas jamás
producidas. Sin embargo, debemos trazar una línea dura
donde lo hace la Escritura, sin importar el coste artístico que
pueda implicar.

CAPÍTULO 8

María

La cuestión tratada en este capítulo es más grave que las anteriores, tanto por el tema en sí como por la reacción visceral que provoca en algunos sectores del catolicismo romano. No es mi deseo confundir o resultar ofensivo en mis comentarios, y por eso he hecho todo lo posible por representar la enseñanza católica romana en la terminología y las frases que utiliza. A pesar de ello, creo que este capítulo será el más difícil de leer para muchos católicos romanos. Cuando españoles como Juan de Nicolás i Sacharles abandonaron la Iglesia católica romana por el protestantismo a principios del siglo XVII, su devoción a la Virgen María fue lo último a lo que renunciaron, e imagino que esto sigue siendo así para muchos católicos romanos hoy en día.

Reina del cielo o sierva del Señor

El capítulo octavo del documento *Lumen Gentium* del Concilio Vaticano II se titula "La santísima Virgen María, Madre de Dios, en el misterio de Cristo y de la Iglesia" y ofrece una declaración sistemática y autoritativa de la enseñanza de la Iglesia católica romana sobre María.[60] He aquí algunas de las afirmaciones más importantes que hacen sobre ella.

---

[60] Todas las traducciones son de *Documentos del Vaticano II. Constituciones, decretos, declaraciones*, 37ª ed. (Madrid: Biblioteca de Autores Cristianos, 1982), 98–109 (*Lumen Gentium*, §52–69).

Los cristianos deben, en primer lugar, reverenciar la memoria de la gloriosa siempre Virgen María. Su título de "Madre de Dios" (*theotokos*) implica que es "hija predilecta del Padre y sagrario del Espíritu Santo" en una medida en que los demás cristianos no lo son. Por el don que ha recibido de Dios, "aventaja con creces a todas las otras criaturas, celestiales y terrenas" incluidos todos los ángeles y los hombres. Es un "miembro excelentísimo y enteramente singular de la Iglesia", y su maternidad de Cristo implica que es madre de la Iglesia. Es la "Madre de Dios, Madre de Cristo y Madre de los hombres, especialmente de los fieles", y le debemos "deberes". Ocupa en la Iglesia "el lugar más alto y a la vez el más próximo a nosotros".

Su venida fue anunciada en el Antiguo Testamento (e.g., Gn 3:15), y así como la decisión libre de Eva contribuyó a provocar la muerte, también la decisión libre de María contribuye a la vida. Ella desató el nudo de incredulidad y desobediencia de Eva con su fe y obediencia. Es toda santa, libre de toda mancha de pecado como si hubiera sido moldeada por el Espíritu Santo y formada como una nueva criatura, y "llena de gracia" (Lc 1:28). María no fue solo involucrada de forma pasiva por Dios, sino que cooperó activa y libremente en la obra de salvación del hombre, y su cooperación no se limitó a su decisión única de dar a luz al Hijo de Dios, sino que fue continua y se prolongó hasta la muerte de él. Ella soportó con Jesús la intensidad de su sufrimiento, se vinculó al sacrificio de él y consintió en su inmolación. Finalmente, siendo preservada de toda mancha de pecado original, en lugar de morir fue llevada en cuerpo y alma al cielo, donde fue exaltada por el Señor como "Reina universal con el fin de que se asemejase de forma más plena a su Hijo". La Iglesia tiene la costumbre de llamar a la Madre de Dios "totalmente santa e inmune de toda mancha de pecado, como plasmada y hecha una nueva criatura por el Espíritu Santo" y es "la Virgen Inmaculada, preservada inmune de toda mancha de culpa original".

En el cielo, no ha cesado en su misión salvadora, sino que "con su múltiple intercesión continúa obteniéndonos los dones de la salvación eterna". Ha sido "ensalzada, por gracia de Dios, después de su Hijo, por encima de todos los ángeles y de todos los hombres". Cuida de los cristianos en la tierra, y por eso es invocada como 'abogada, auxiliadora, benefactora y mediadora'. María es un tipo de la Iglesia en fe, caridad y unión perfecta con Cristo. Es en María donde la Iglesia ha alcanzado esa perfección por la que existe sin mancha ni arruga (Ef 5:27), y es a María a quien la Iglesia levanta sus ojos "como modelo de virtudes". En cierto modo, María reúne en sí misma y se hace eco de las doctrinas más importantes de la fe. La Iglesia honra con razón a María con un culto especial, y busca su protección en todos sus peligros y necesidades. No se trata de un culto de adoración (*latria*), que solo corresponde a Dios, sino de uno de veneración conocido como *hyperdulia*, que es la más alta veneración que se puede dar a una criatura.

Los protestantes, en cambio, tenemos una interpretación más moderada de María. Para los católicos reformados, la visión de María esbozada arriba suena similar a la interpretación arriana de Cristo: aunque no es de la misma naturaleza que Dios, ella es su mayor obra y por su obediencia es exaltada por encima de toda la creación. Si hay algo de verdad en este paralelismo, sencillamente no se sostiene. Aunque fue una mujer virtuosa, también era una pecadora necesitada de la redención de Dios. Aunque se la suele llamar "Madre de Dios", una traducción más exacta del término original *theotokos* sería "la que parió a Dios", ya que en su contexto original el término pretendía afirmar que María parió a la persona única, el Hijo de Dios, que se hizo humano, y no decía nada directamente sobre María, su maternidad de la Iglesia, etc. Aunque fue la madre de Cristo, no participó con Cristo en su obra redentora en la cruz y la resurrección. Aunque debe ser honrada y contemplada como modelo de virtud cristiana, no es un modelo único y no debe ser venerada con *hyperdulia*.

Escritura

Cuando observamos las Escrituras, surge un retrato realista de María. En resumen, es una figura secundaria que fue elegida por Dios para ser la madre de su Hijo, luchó para comprender la misión de Jesús y, finalmente, fue fiel al someterse al plan de Dios. A modo de introducción, cabe señalar que, aparte de las narraciones de la infancia en Mateo 1–2 y Lucas 1–2, María solo aparece en unas pocas referencias dispersas a lo largo de los Evangelios, y en el resto del Nuevo Testamento solo recibe una referencia de pasada en Hechos 1:14 como una de los que oraban con los seguidores de Jesús y una alusión anónima en Gálatas 4:4, cuando Pablo se refiere a ella como una "mujer". Es más, los relatos de la infancia —el único lugar en que María podría considerarse una figura principal— se centran en la iniciativa de Dios de salvar a la humanidad, no en María ni en su respuesta a Dios. Por el contrario, se la retrata como un instrumento que Dios estaba utilizando para traer la salvación al mundo mediante el nacimiento de su Hijo.

María aparece en la escena bíblica el año anterior al nacimiento de Jesús, cuando se le anuncia que será la madre del Hijo de Dios. Su prima, Elisabet, la llama bendita entre las mujeres y María dice que todas las generaciones la llamarán dichosa (Lc 1:42, 48). Desgraciadamente, la *Vulgata* tradujo erróneamente el saludo de Gabriel a María como "llena de gracia", en lugar de lo que realmente significa: "muy favorecida" (Lc 1:28–30). Durante la Edad Media, se interpretó esta traducción equivocada como que María había sido concebida sin pecado original y que esta "llenura de gracia" podía rebosar hacia quienes oraran a ella. María llama a Dios su "Salvador" en Lucas 1:47, dando así a entender que era pecadora y necesitaba salvación. Su consentimiento para ser la madre de Jesús debe interpretarse a la luz de la enseñanza general de Biblia acerca del consentimiento humano: que es iniciado por Dios, no independiente de él. Su hermoso canto, conocido como el "Magníficat" (Lc 1:46–55), que está basado en el canto de Ana de 1 Samuel 2:1–10 y se hace eco de algunos temas del Salmo 113, es solo uno de los muchos textos poéticos encontrados en Lucas 1 y 2 y no tiene un lugar central en Lucas ni en el resto de la Escritura. En su infancia, Jesús dejó claro a María (y a José) que su vida estaba orientada hacia su Padre celestial, no hacia ella (Lc 2:48–49).

Durante el ministerio público de Jesús, María vuelve a desempeñar un papel secundario, que no siempre es modelo de perfecta obediencia. En las bodas de Caná, María intentó imponer su voluntad a Jesús sugiriéndole que hiciera algo ante la falta de vino en la fiesta. Sin embargo, él no se sometió a la voluntad de ella y, por el contrario, le recordó que él siempre estaba sujeto a la voluntad del Padre. Al final, ella se sometió a su voluntad, y fue entonces cuando él actuó (Jn 2:1–5). Más tarde, María y otros miembros de la familia de Jesús pensaron que éste se había vuelto loco y trataron de detenerlo. Sin embargo, Jesús, desestimó la preocupación de ellos e incluso los desplazó en beneficio de aquellos que hacen la voluntad de Dios (Mc 3:20–21, 31–35). Cuando Jesús tuvo la oportunidad de alabar a María como bienaventurada por haber sido su madre, en lugar de ello alabó a aquellos que oyen la Palabra de Dios y la guardan (Lc 11:27–28).[61]

Ella demostró su máxima fidelidad siendo una de las pocas personas que permaneció con Jesús en el momento

---

[61] El blanqueo que *Lumen Gentium* hace de estos acontecimientos es inexplicable: María es presentada bajo una luz completamente positiva: ella "suscitó" el comienzo de los milagros de Jesús, "acogió" las palabras de Jesús sobre oír y guardar la Palabra de Dios y "avanzó [...] en la peregrinación de la fe" (§58).

de su crucifixión (Jn 19:25). Más tarde, se encontraba en Jerusalén, como parte del pequeño grupo de seguidores de Cristo que se dedicaban a la oración (Hch 1:13–14). Jesús confió a María al discípulo amado (Jn 19:26–27) y, según la tradición de la Iglesia primitiva, permaneció en Judea (en Jerusalén o cerca de ella) o viajó con Juan a Éfeso. El testimonio patrístico sobre los últimos momentos de María en la tierra tiende al silencio (ya que el NT no dice nada) o a indicar que falleció, lo que puede tener implicaciones para la enseñanza católica romana de la impecabilidad de María y su asunción corporal al cielo.[62]

Tradición

¿Cómo explicar la gran diferencia entre la enseñanza católica romana sobre María y la evidencia que presenta el Nuevo Testamento? La respuesta está en la historia, pero en este caso, la historia es única por dos importantes razones. En primer lugar, no fueron pastores y teólogos quienes llevaron a María desde sus humildes comienzos como sierva del Señor hasta su excelsa condición como reina del cielo, sino la piedad popular y los escritos heterodoxos. Por ejemplo, obras tempranas como *El Protoevangelium de Santiago* llevaron a María desde la periferia del relato del Evangelio hasta su mismo centro e inventaron muchos detalles sobre su vida que están ausentes en el Nuevo Testamento, como

---

[62] Para discusión, cf. Walter BURGHARDT, *The Testimony of the Patristic Age Concerning Mary's Death* (Westminster, MA: The Newman Press, 1957). Citas de Orígenes (*Com. Juan*, frag. 31), Efrén de Siria (*Himnos de la Santísima María*, 15.2), Agustín (*In Ioannis evangelium 8.9*; *Catequesis para los ignorantes*, 22.40; *Enarratio in psalmum 34*, serm. 2), ps-Juan el Evangelista (*Libro de la dormición de la santa Madre de Dios*, 39, 44–45), ps-Melitón (*Transitus sanctae Mariae*, 7–8), Juan Damasceno (cf. sus tres homilías sobre la dormición de María) y otros parecen apoyar la postura de que María falleció.

su nacimiento, su crianza, su santidad única y, según cómo se interpreten ciertos pasajes del Nuevo Testamento, su virginidad perpetua. En segundo lugar, no fue en la Edad Media cuando observamos este cambio, sino que se remonta a la primera época patrística. Por ejemplo, ya en el siglo II, los cristianos empezaron a orar a María (aunque esto no era del todo inusual, ya que los primeros cristianos oraban también a otros santos difuntos). Esta trayectoria continuó sin interrupción a lo largo de la Edad Media, a medida que María iba poco a poco siendo incorporada a la teología y la liturgia de la Iglesia por medio de festividades, himnos, oraciones y otros actos. De las cuestiones que he decidido tratar en esta parte del libro, esta es en la que los protestantes podemos reclamar menos apoyo de la tradición de la Iglesia. No obstante, podemos aplicar aquí no solo el principio de sola Escritura, sino también el adagio de Cipriano de Cartago de que "una costumbre sin verdad no es más que el envejecimiento de un error".[63]

Para no entrar en el largo relato de la historia del desarrollo de la mariología, reproduciré los cuatro principios aportados por Gabriel María Roschini, posiblemente el principal erudito en mariología del siglo XX, y resumidos por Leonardo di Chirico, que resume cómo la Iglesia ha podido atribuir a María todo lo que le ha atribuido. (Para que quede claro: esto no es lo que los protestantes creemos sobre María, sino el resumen de un erudito católico romano de cómo la Iglesia ha pensado sobre María en el pasado.) El primero es el principio de la singularidad, que significa que ella fue verdaderamente única, y por tanto tiene derecho a privilegios únicos que no están al alcance de otras criaturas como ángeles y seres humanos. En segundo lugar,

---

[63] Cipriano de Cartago, *Cartas*, trad. María Luisa GARCÍA SANCHIDRIÁN (Madrid: Editorial Gredos, 1998), 204 (*Ep.* 73[74].9).

el principio de la adecuación, según el cual toda perfección adecuada a la dignidad de María debe serle atribuida, siempre que no contradiga a la fe o a la razón. En tercer lugar, el principio de la prominencia, que significa que todos los privilegios concedidos a otros ángeles o santos deben haber sido concedidos a María también, puesto que es la reina de los santos. En cuarto lugar, está el principio de la analogía, por el cual los privilegios de la humanidad de Cristo los posee María en la misma medida. En resumen, María es totalmente única, capaz de encarnar toda perfección de la creación, prominente sobre todas las demás criaturas y análoga a la naturaleza humana de Cristo.

Una interpretación católica reformada de María

Como suele pasar en los debates de la Iglesia, a menudo ambas partes adoptan posturas extremas, y creo que es justo decir que, al menos en algunas tradiciones protestantes, este ha sido el caso con María. Aunque bajo ningún concepto creo que sea bíblico atribuir a María todo lo que le atribuye la Iglesia católica romana, tampoco creo que sea correcto ignorarla. Permítanme esbozar lo que entiendo que es una concepción católica reformada de María.

En primer lugar, debemos aceptar los datos bíblicos: ella fue elegida por Dios para dar a luz al Señor, fue una seguidora fiel de Jesús y, por tanto, un modelo de discipulado, y todas las generaciones deberían llamarla bienaventurada (Lc 1:48). Verdaderamente María es un maravilloso (aunque imperfecto) ejemplo de lo que es la santificación: obedecer a Dios, meditar en la Palabra de Dios y permanecer con Jesús al pie de la cruz. Siempre que la analogía no se lleve demasiado lejos, es legítimo considerar a María como una nueva Eva, aunque hay que recordar que la verdadera esposa del postrer Adán es la Iglesia (Ef 5:25–32). Por último, aunque es muy posible que María y José tuvieran hijos juntos después del nacimiento de Jesús, el lenguaje que el Nuevo Testamento utiliza para referirse a los "hermanos y hermanas" de Jesús es suficientemente amplio como para incluir la interpretación de que fueran sus hermanastros o primos, lo cual encontraría apoyo en la Iglesia primitiva. Por tanto, aunque la virginidad perpetua de María no se menciona explícitamente en la Escritura, es un punto de vista coherente con la evidencia bíblica y patrística y goza de apoyo incluso de muchos reformadores protestantes. Por ejemplo, un protestante español tan ferozmente opuesto al catolicismo romano como Juan Pérez de Pineda hablaba de "la santa y siempre virgen María".[64]

En segundo lugar, podemos adoptar ciertos títulos y prácticas de la historia de la Iglesia. Por ejemplo, referirse a María como "Madre de Dios" es muy apropiado cuando se entiende en su contexto correcto: María dio a luz a la persona única, el Hijo de Dios, que reunía en sí mismo las naturalezas divina y humana. Se trata de una afirmación cristológica destinada a excluir la herejía del nestorianismo. Visto así, negar a María este título es exponer a la Iglesia a la herejía, algo que ningún católico reformado desea hacer. Así mismo, este título fue afirmado de manera explícita en los Concilios de Éfeso y Calcedonia, los cuales son concilios ecuménicos que los protestantes aceptamos plenamente.

Sin embargo, hay ciertas líneas que los protestantes no podemos cruzar cuando se trata de María. Primero, hay ciertos títulos muy inapropiados como 'reina' sobre todo, 'abogada, auxiliadora, benefactora y mediadora'. Cristo es 'rey' sobre todo, nuestro 'abogado, auxiliador, benefactor y mediador'. Segundo, no deberíamos orar a María o a través

[64] Juan PÉREZ DE PINEDA, *Suplicación al rey*, en *Reformistas Antiguos Españoles*, tomo 12 (Barcelona: Librería de Diego Gómez Flores, 1982), 21.

de ella. El patrón recurrente de la oración en el Nuevo Testamento es orar al Padre, a través del Hijo, en el Espíritu, sin que se diga nada de María (ni de ningún otro santo, por cierto). Tercero, debemos seguir insistiendo en que María era una pecadora que fue salvada por la gracia de Dios (e.g., Lc 1:47). Cuarto, aunque ciertamente Dios era capaz de llevar el cuerpo de María al cielo antes de la resurrección general al final de los tiempos, no hay apoyo bíblico para ello y el apoyo histórico tampoco es muy favorable. El primer autor que afirma la asunción corporal de María al cielo parece ser Gregorio de Tours de finales del siglo VI, bastante tarde para una doctrina que supuestamente se remonta a la época apostólica. Además, si la paga del pecado es la muerte (Rom 6:23), y si María era pecadora, lógicamente tuvo que morir. Quinto, podemos, y debemos, considerar a María como *modelo* de fe, pero no como *objeto* de fe. Podemos verla como uno de los muchos ejemplos de cómo vivir la vida cristiana, pero nunca acudir a ella en busca de ayuda o en oración, ni adorarla, ni honrarla de ninguna manera que pueda distraernos de Dios. Para aquellos que se sienten especialmente apegados a la Virgen María, quizá pueda resultar útil la orden que dio a los criados de la boda de Caná: «Haced todo lo que Jesús os diga» (Jn 2:5).

CAPÍTULO 9

El obispo de Roma

Para la Iglesia católica romana, esta es *la* cuestión fundamental que divide el catolicismo romano de todas las demás ramas del cristianismo: como vimos en la Introducción, para los protestantes de Sevilla no fue suficiente afirmar "la Santa Iglesia", tenían que añadir la palabra "Romana". La lógica no está mal: si todos nos sometiéramos al mismo líder, estaríamos unidos en nuestra lealtad a él y, por tanto, unos a otros. Algunos protestantes como Cipriano de Valera también consideraron que el papado fue fundamental para la división entre nuestras tradiciones eclesiásticas: su primera obra, que resultaría ser también la más influyente, se titulaba *Dos tratados: sobre el papa y sobre la misa* (1588). Como hice en el capítulo anterior sobre la virgen María, me he esforzado para presentar la enseñanza católica romana con la terminología y las frases que ésta utiliza.

Jurisdicción local o universal

El capítulo tercero de *Lumen Gentium* del Concilio Vaticano II se titula: "Constitución jerárquica de la Iglesia, y particularmente el episcopado" y proporciona una declaración sistemática y autoritativa en relación a la interpretación que hace la Iglesia católica romana del papa.[65] He aquí algunas de las afirmaciones más importantes que hace sobre él.

---

[65] Todas las traducciones son de *Documentos del Vaticano II. Constituciones, decretos, declaraciones*, 37ª ed. (Madrid: Biblioteca de Autores Cristianos, 1982), 54–71 (*Lumen Gentium*, §18–29).

El papa es el "Vicario de Cristo y Cabeza visible de toda la Iglesia". Así como Pedro era cabeza de los Apóstoles, también el papa es cabeza de los obispos. De hecho, "El Colegio o Cuerpo de los Obispos, por su parte, no tiene autoridad, a no ser que se considere en comunión con el Romano Pontífice". Disfruta de una "plena, suprema y universal potestad, que puede siempre ejercer libremente". Solo Pedro es la roca y el poseedor de las llaves de la Iglesia, autoridad que transmitió a sus sucesores. Solo el papa tiene derecho a convocar, presidir y confirmar los concilios ecuménicos. Cuando habla "desde la silla" (*ex cátedra*), el papa puede proclamar en una decisión absoluta cualquier doctrina relativa a la fe o a la moral. Sus definiciones sobre fe y costumbres "son irreformables por sí mismas y no por el consentimiento de la Iglesia, por haber sido proclamadas bajo la asistencia del Espíritu Santo". Tiene un "magisterio infalible". Incluso cuando el romano Pontífice no habla *ex cátedra*, los católicos romanos deben someter fielmente la mente y la voluntad a su autoridad docente.

Los católicos reformados (y los ortodoxos) decimos que el obispo de Roma tiene la misma autoridad sobre la iglesia de Roma que cualquier otro obispo tendría sobre su diócesis, pero que no es el gobernante supremo de la Iglesia. A lo largo de la historia, muchos han considerado al obispo de Roma como la corte de apelación definitiva, pero esto se debía más a la tradición y al respeto que al reconocimiento de que Roma fuera la soberana absoluta de la Iglesia. El papa no es infalible, sino que se ha demostrado que se equivoca en cuestiones relativas a la doctrina y a la moral. Después de las Escrituras, los protestantes vemos los concilios ecuménicos como la autoridad más alta en la Iglesia, y así nos asemejamos a los ortodoxos y al movimiento conciliarista occidental del siglo XV.

Escrituras

Dado que los católicos romanos basan su doctrina del papado en la Escritura, es importante analizar la figura de Pedro, de quien afirman que fue el primer papa. Como vimos con María en el capítulo anterior, la Biblia presenta una imagen muy realista de Pedro: fue un discípulo fiel, aunque imperfecto, de Cristo, y desempeñó un papel central, aunque no único, en las primeras décadas del cristianismo. Primero expondré la evidencia que arroja una luz positiva sobre Pedro y segundo la que arroja una luz negativa.

Pedro estuvo con Jesús desde el principio y fue uno de los primeros discípulos llamados a seguirle (Mc 1:16–18). Cuando se enumeran los doce discípulos en los Evangelios, su nombre siempre aparece en primer lugar (e.g., Mc 3:16–19) y, junto con Jacobo y Juan, formaba parte del círculo íntimo de tres (e.g., Mt 17:1). Fue él quien articuló la famosa confesión de que Jesús era el Cristo, el Hijo de Dios, por lo que se le entregaron las llaves del "reino de los cielos" (Mt 16:16–19). Después de su resurrección, Jesús se apareció privadamente a Pedro (1 Co 15:5) y le encomendó apacentar a sus ovejas (Jn 21:15–19). Tras la ascensión de Jesús, Pedro estaba entre sus seguidores que se dedicaban piadosamente a la oración (Hch 1:13–14). Pedro tuvo el privilegio de predicar el primer sermón cristiano a los judíos (Hch 2:14–41) y el sermón fundamental a los gentiles (Hch 10). Desempeñó un importante papel en el concilio de Jerusalén (Hch 15:7–11), fue autor de dos cartas del Nuevo Testamento y, muy probablemente, fue la fuente principal del Evangelio de Marcos. Después de llegar a Roma (1 Pd 5:13), Pedro fue martirizado durante la persecución de Nerón.[66]

Sin embargo, esto no es todo lo que la Biblia dice sobre Pedro, y hay muchos textos que arrojan una luz negativa sobre él. En primer lugar, hay muchos textos que hablan de sus pecados y errores. En los Evangelios, Pedro es reprendido repetidamente por su impulsividad, sus respuestas

---

[66] Su martirio se relata brevemente en *1 Clem.* 5.

incorrectas y otros defectos. Quizá lo más memorable sea que, después de confesar que Jesús era el Cristo, Pedro trató de disuadirle de ir a Jerusalén a morir y, en respuesta, Cristo le llamó "Satanás" (Mt 16:22–23). Durante el arresto de Jesús, Pedro le cortó la oreja a Malco en un intento poco meditado de defender a Jesús, por lo que fue reprendido (Jn 18:10–11). En una escena lamentable, Pedro negó a Jesús tres veces en su juicio (Lc 22:54–62). Por último, tras el comienzo de la Iglesia y su expansión hacia los círculos gentiles, Pedro dejó de comer con ellos, por lo cual Pablo le reprendió a la cara (Gl 2:11–14).

En segundo lugar, Pedro se vio eclipsado por otras figuras del Nuevo Testamento, sobre todo Jacobo (el hermano de Jesús), Pablo y el discípulo amado. En cuanto a Jacobo, aunque Pedro habló en el concilio de Jerusalén, fue Jacobo quien aportó el juicio definitivo (Hch 15:13–21). En cuanto a Pablo, la evaluación que hace Pedro de su ministerio no significa nada para él (Gl 2:6–9) y, después del discurso de Pedro en el concilio de Jerusalén (Hch 15:7–11), Lucas deja a Pedro completamente fuera de la narrativa y se centra únicamente en Pablo.

Pero el caso más sostenido de desplazamiento se encuentra en el Evangelio de Juan donde el discípulo amado supera a Pedro en todos los momentos importantes. Dos discípulos conocieron a Jesús antes que Pedro: uno de ellos era Andrés y el otro, anónimo, probablemente fuera el discípulo amado (Jn 1:37–42). En la última cena, el discípulo amado estaba recostado sobre el pecho de Jesús y Pedro tuvo que hacerle llegar su pregunta a Jesús a través de él (Jn 13:23–24). El discípulo amado fue quien permitió que Pedro accediera al patio del sumo sacerdote durante el juicio de Jesús (Jn 18:15–16). El discípulo amado permaneció junto a la cruz con María y las otras mujeres, mientras que Pedro no aparecía por ninguna parte (Jn 19:25–27). Al oír la noticia de que el cuerpo de Jesús no estaba en la tumba, el discípulo amado adelantó a Pedro y llegó antes que él al sepulcro, y fue el primero que creyó (Jn 20:2–9). El discípulo amado fue el primero en reconocer a Jesús en la orilla y fue él quien le dijo a Pedro quién era (Jn 21:7). Por último, el discípulo amado sobrevivió a Pedro (Jn 21:20–24). Así, de principio a fin, el Evangelio de Juan resta importancia repetidamente a la intimidad de Pedro con Jesús y destaca el hecho de que el discípulo amado tenía una relación aún más estrecha con Jesús.

Resumiendo la evidencia positiva y negativa que nos presenta la Biblia, Pedro fue una figura importante durante el ministerio de Jesús y durante las primeras décadas de la Iglesia cristiana. Fue líder entre los Doce y dirigió iglesias en Jerusalén, Antioquía y Roma (y quizá en otros lugares). Sin embargo, no se le consideraba el soberano absoluto de la Iglesia y su enseñanza no era infalible ni su vida impecable. Pedro puede haber sido el representante de los Apóstoles, pero no conformaba una categoría aparte.

Antes de concluir esta sección, debo decir unas palabras sobre los dos textos clave que los católicos romanos usan para la supremacía de Pedro. En primer lugar, según los católicos romanos, en Mateo 16:16–19 la respuesta de Cristo a la confesión de Pedro implica que a éste (y, como consecuencia, a sus sucesores) se le concedió autoridad sobre la Iglesia. En respuesta, los protestantes señalamos que Jesús no estaba otorgando ninguna autoridad a Pedro mismo, sino a él en la medida en que él confesó la verdad sobre Cristo. Cualquier autoridad que Pedro pudiera tener, por tanto, derivaba del Evangelio, lo que se ilustra en los versículos inmediatamente posteriores: cuando Pedro trató de disuadir a Jesús de su misión de ir a Jerusalén y morir, Jesús le llama "Satanás" (Mt 16:22–23). Además, los protestantes también señalamos que, después de su resurrección, Jesús otorgó el mismo poder para desatar y atar pecados a todos los Apóstoles (Jn 20:22–23).

En segundo lugar, según los católicos romanos, en Juan 21:15–19 Cristo otorgó a Pedro el papel único de pastorear toda la Iglesia. En respuesta, los protestantes señalamos que el enfoque de este pasaje es la restauración de Pedro por parte de Jesús después de su pecado de negar a Cristo. Además, simplemente le estaba llamando a ser pastor, que era la responsabilidad de todos los ministros (ya sean pastores, ancianos y/u obispos), y no se le atribuye nada exclusivo a Pedro. Según el Apóstol Pablo, el ministerio de Pedro estaba limitado a los judíos (Gl 2:7–9) por lo que no podía considerarse pastor universal de la Iglesia. Por último, Pedro escribió que se consideraba a sí mismo como "anciano compañero" (1 Pd 5:1–2), no como papa que estuviera categóricamente por encima de todos los demás.

Tradición

¿Cómo podemos explicar la gran diferencia entre las enseñanzas católicas romanas sobre el papa y la evidencia que el Nuevo Testamento presenta sobre Pedro? Una vez más, la respuesta está en la historia. Si tuviera que hacer una crítica exhaustiva del papado, trataría cuestiones como la condena del Papa Honorio I en el Concilio de Constantinopla III (680–681) por sostener opiniones monotelitas heréticas,[67] el papado del siglo X que se vio tan envuelto en asesinatos, inmoralidad sexual y nepotismo que se le conoce popularmente como la "pornocracia", el traslado del papado de Roma a Aviñón (Francia) durante la mayor parte del siglo XIV, el Gran Cisma del siglo XV, en el que hubo tres papas, cada uno de los cuales afirmaba ser el verdadero papa y excomulgaba a los demás, y el papado de finales del siglo XV y principios del XVI que cayó en una profunda decadencia moral que rivalizó con la del siglo X (esp. Alejandro

---

[67] El monotelismo era una herejía de los ss. VI y VII que afirmaba que Cristo tenía solo una voluntad.

VI, alias, Rodrigo Borgia). Eso simplemente ocuparía demasiado espacio en una obra como esta, pero animo a los lectores a realizar su propio estudio sobre la historia del papado. Lo que sí puedo hacer, sin embargo, es explicar los acontecimientos clave en las pretensiones del obispo de Roma de ser el gobernante espiritual y político del mundo.

Antes del siglo V, hay muy poca o ninguna objeción por parte de los católicos reformados con respecto al obispo de Roma. Autores del siglo II como Ignacio e Ireneo hablaban bien de la iglesia de Roma, pero no decían nada de un papa o de su supuesta autoridad sobre otras iglesias. En realidad, no podrían haberlo hecho, ya que, hasta la segunda mitad del siglo II, la iglesia de Roma ni siquiera estaba gobernada por obispos, sino más bien por un concilio de presbíteros, lo que en sí mismo presenta tremendos problemas para la pretensión católica romana de tener una cadena ininterrumpida de obispos romanos desde Pedro hasta el presente. Cuando Esteban I, obispo de Roma del 254 al 257, empezó a apropiarse de las prerrogativas acumuladas de Pedro, Cipriano de Cartago no dudó en rechazar sus pretensiones. Hablando en un sínodo de unos 87 obispos del norte de África —y expresando así no solo su juicio sino también el de todos los presentes—, Cipriano dijo lo siguiente en relación a Esteban I:

> Nos corresponde a cada uno de nosotros pronunciar lo que pensamos de este asunto, sin juzgar a nadie, ni sustraer del derecho de comunión a nadie que piense de otra manera. Porque ninguno de nosotros se nombra obispo de obispos, ni obliga a sus colegas a la necesidad de someterse por el terror tiránico, porque cada obispo, según el permiso de la libertad y del poder, tiene su propio juicio, así como no puede ser juzgado por otro, del mismo modo que él no puede juzgar a otro. Pero esperemos todos el juicio de nuestro Señor Jesucristo, que es el único que tiene el poder tanto de

nombrarnos presidentes en el gobierno de su Iglesia, como de juzgar nuestras acciones.[68]

Aunque escribiendo siglos después, Gregorio Magno expresa la misma postura en su carta al emperador Mauricio de Constantinopla: "Ahora digo confiadamente que quienquiera que se llame, o desee ser llamado, Sacerdote universal, es en su júbilo el precursor del anticristo, porque orgullosamente se pone por encima de todos los demás".[69] En la época del Concilio de Nicea del año 325, el obispo de Roma gozaba del estatus de lo que podría llamarse el "primero entre iguales" (*primus inter pares*). Se le consideraba el líder del cristianismo en sentido honorífico, pero no en sentido absoluto, autoritativo. Como dije arriba, hasta este punto, los católicos reformados nos sentimos cómodos con la forma en que la Iglesia entiende la figura del obispo de Roma, pero esto empieza a cambiar en el siglo siguiente.

En el siglo V, se produjeron tres acontecimientos importantes: apareció por primera vez el título "vicario de Cristo" (Gelasio I), el emperador Valentiniano III decretó que Roma era la sede preeminente del cristianismo que no podía ser contradicha por nadie y fue por esta época que se empezaron a utilizar los títulos "papa" y "pontifex" ("constructor de puentes") para referirse al obispo de Roma. En el siglo VI, el título de "papa" se restringió para referirse únicamente al obispo de Roma (aunque anteriormente se había usado también para referirse a otros obispos) y a principios del siglo VII, el emperador Focas de Constantinopla cedió el título de "patriarca ecuménico" a Bonifacio III. Así, en el siglo VII, se encuentran todos los elementos espirituales

---

[68] *Sententiae episcoporum numero LXXXVII de haereticis baptizandis* (trad. Daniel Eguiluz).

[69] Traducción del inglés: Philip SCHAFF y Henry WACE (eds.), *Nicene and Post-Nice Fathers*, tomo 12 (Peabody, MA: Hendrickson Publishers, 1895/2004), 226.

necesarios para hablar de un "papa" espiritual, pero aún faltaban los elementos políticos. Esto se abordaría en el siglo siguiente.

El siglo VIII fue significativo por dos razones. En primer lugar, se "descubrió" un documento conocido como la Donación de Constantino. Este documento fue supuestamente escrito por el emperador Constantino en el siglo IV y dirigido al obispo de Roma, Silvestre I, y en él, el emperador donaba al papa y a sus sucesores "no sólo nuestro palacio como se ha dicho, sino también la ciudad de Roma y todas las provincias, distritos y ciudades de Italia y de Occidente".[70] Durante el Renacimiento se demostró que la Donación era una falsificación y hoy en día nadie la acepta como auténtica, pero durante la Edad Media todo el mundo pensaba que era genuina y actuaba en consecuencia. En segundo lugar, en el año 800 el papa León III coronó a Carlomagno como el gran emperador del Sacro Impero Romano en Europa occidental. Esto no solo supuso una ruptura con Constantinopla en el este, sino que también produjo una inversión en la relación Iglesia–Estado que había existido desde el siglo IV: ahora era la Iglesia la que tenía el poder de coronar (y por implicación, deponer) emperadores, y no viceversa. Este es el comienzo del ascenso del papa al poder político.

En el año 1095, el papa Urbano II ofreció la primera indulgencia plenaria a los cruzados que marchaban a Jerusalén, y en 1302, el papa Bonifacio VIII publicó la bula papal *Unam sanctum*, en la que afirmaba que el papa tenía todo poder espiritual y temporal del mundo. Este fue, en efecto, el culmen de las aspiraciones papales al poder espiritual y político. Finalmente, en el año 1870 en el Concilio Vaticano I, se publicó la doctrina de la infalibilidad papal, según

---

[70] Miguel ARTOLA (ed.), *Textos fundamentales para la Historia*, ed. digital (Titivillus, 2020), 65.

la cual, cuando habla de temas doctrinales "desde la silla" (*ex catedra*), los decretos del papa son infalibles.

Una interpretación católica reformada del obispo de Roma

¿Qué debemos hacer los católicos reformados con respecto al obispo de Roma? La respuesta que ofrezco aquí puede incomodar a algunos protestantes, y ciertamente será rechazada por muchos católicos romanos, pero es la respuesta que mejor concuerda con las enseñanzas de la Escritura y con la Iglesia primitiva, y creo que, con un poco de reflexión, resultará ser la más satisfactoria a largo plazo. En esencia, abogo por un regreso a cómo eran las cosas en la Iglesia primitiva, basándome en el ejemplo de la relación entre Pedro y los Apóstoles. Hay tres puntos que me gustaría establecer: el primero adopta una postura crítica hacia el obispo de Roma y es el más importante de los tres, mientras que los dos últimos adoptan una postura constructiva para mostrar cómo podrían ser las cosas en el futuro.

El primer punto es el más importante: la autoridad del obispo de Roma, como la autoridad de cualquier otro obispo o pastor, no reside en él mismo, sino que deriva del Evangelio. El ejemplo de Pedro nos ayuda a comprender esta dinámica. En Mateo 16:16–20, Pedro confiesa que Jesús es el Cristo y es bendecido por hacerlo, y es en este contexto en el que se le dan las llaves del "reino de los cielos". Sin embargo, inmediatamente después de esto, en Mateo 16:21–23, cuando Jesús habla de la cruz y la resurrección —lo que podemos considerar como un resumen del mensaje del Evangelio— Jesús llama a Pedro "Satanás" porque trató de disuadirle de ir a la cruz. Usando terminología protestante clásica, Pedro estaba desempeñando el papel de anticristo al ofrecer a Jesús un evangelio que evitaba la cruz. El momento en que Pedro abandonó su confesión de Cristo como el Hijo de Dios por otro evangelio es el momento en que pasó de tener las llaves a convertirse en un anticristo. A los otros Apóstoles, se les prohíbe esencialmente reconocer la autoridad de Pedro, y por implicación, a otros pastores se les prohíbe reconocer la autoridad del sucesor de Pedro cuando hace lo mismo.

Desde hace más de 500 años, los protestantes hemos sostenido que el obispo de Roma ha errado en dos aspectos principales. En primer lugar, en vez de seguir siendo el obispo de Roma, ha aspirado a ser el gobernante universal tanto en el ámbito espiritual como en el político. Esto es una mala interpretación de lo que el Credo niceno quiere decir cuando habla de "la Iglesia una, santa, católica y apostólica". En este tema, los protestantes hemos unido nuestra voz a la de los ortodoxos, que llevan más de un milenio protestando contra esa extralimitación de autoridad del obispo de Roma. En segundo lugar, en vez de predicar que el perdón de pecados se obtiene solo por gracia, solo a través de la fe y solo en Cristo, el obispo de Roma y la Iglesia romana han decretado que se obtiene por la gracia combinada con nuestras buenas obras y la participación de los siete sacramentos (ver el cap. 10). Esto es una mala interpretación de lo que el Credo niceno quiere decir cuando habla del "perdón de los pecados". Estos dos errores fundamentales descalifican al obispo de Roma para liderar la Iglesia, ya que se ha apartado del Evangelio, de donde deriva su autoridad.

Los católicos reformados no deberíamos sentir ningún placer al denunciar los errores de Roma, porque el amor no se goza de las infracciones (1 Co 13:6), y siempre debería afligirnos que el nombre de Cristo sufra por el pecado. Por el contrario, deberíamos celebrar las muchas cosas que tenemos en común (ver el cap. 3) y seguir suplicando a los católicos romanos y al obispo de Roma que vuelvan a la interpretación bíblica e histórica del orden eclesial y del perdón de los pecados.

Los obispos de Roma tienen un pasado glorioso que debemos reconocer y celebrar. En la Iglesia primitiva, los obispos de Roma eran defensores de la ortodoxia, ejemplos de piedad y mártires gloriosos. De hecho, Juan Pérez de Pineda y Cipriano de Valera, ambos muy críticos con el papado, argumentaron que el obispado de Roma no se corrompió hasta que Bonifacio III insistió en ser reconocido obispo universal y cabeza de todas las iglesias.[71] Eso nos deja con unos 600 años de obispos relativamente buenos que pastorearon la iglesia de Roma. Así que, por el bien del argumento, imaginemos que el obispo de Roma y los católicos romanos volvieran a la enseñanza bíblica y patrística sobre la justificación y la autoridad. ¿Cómo podríamos entender al obispo de Roma en ese caso? Hay dos cosas constructivas que deberíamos decir.

Primero, podríamos afirmar que el obispo de Roma es lo que su nombre indica: el pastor principal de Roma. La Iglesia primitiva entendía que cada área metropolitana constituía una iglesia dirigida por un obispo y, si queremos tomar en serio el principio protestante de volver a la doctrina y a la práctica patrística, así es como debemos entender Roma: es una iglesia liderada por un obispo. Al decir que él es el obispo de Roma, debería quedar claro que estamos limitando su autoridad a sus propias fronteras geográficas, como cualquier otro obispo o pastor estaría limitado a las suyas. Sin embargo, no podemos simplemente ignorarle: tendría una sede y sería un obispo legítimo.

Segundo, de acuerdo con la Iglesia histórica, podríamos considerar al obispo de Roma como el "primero entre

---

[71] Juan PÉREZ DE PINEDA, *Breve tratado de doctrina*, en *Reformistas Antiguos Españoles*, tomo 7 (Barcelona: Librería de Diego Gómez Flores), 322; Cipriano DE VALERA, *Los dos tratados, del papa y de la misa*, en *Reformistas Antiguos Españoles*, tomo 6 (Barcelona: Librería de Diego Gómez Flores), 47.

iguales". Las diversas tradiciones cristianas debaten cómo funciona esto en la práctica, pero los católicos reformados (y los ortodoxos) entendemos que significa ser el primero en honor e igual en autoridad. Una vez más, la relación entre Pedro y los Apóstoles nos ayuda a entender esta correspondencia. Por un lado, Pedro era el representante de los otros doce discípulos, hablaba y actuaba en nombre de ellos y, en muchas ocasiones, vemos expresarse en su persona el espíritu apostólico compartido. Los doce discípulos no eran iguales en todo el sentido de la palabra: de los doce, Pedro, Jacobo y Juan formaban parte del círculo íntimo de tres, y de los tres, Pedro era el representante. Por otro lado, Pedro no estaba sobre los otros once, ni tenía autoridad sobre ellos. Pedro no podía mandarles como superior y ellos ciertamente no lo veían como guía infalible de doctrina y práctica. De hecho, como vimos antes en este capítulo, Jacobo, Pablo y el discípulo amado eclipsaron y desplazaron a Pedro en algunas ocasiones. Así, la relación entre Pedro y los Apóstoles proporciona un modelo adecuado de la relación que obispos y pastores de todo el mundo deberían tener con el obispo de Roma: podría ser considerado como el "primero entre iguales".

CAPÍTULO 10

Justificación

Aunque muchos católicos romanos entienden que la sumisión al papa es el tema fundamental que les separa de los protestantes, creo que la cuestión de la justificación es más importante. Por eso lo he colocado en último lugar: va al corazón mismo de cómo podemos tener una relación con Dios. Como mostraré en la tercera parte del libro, el catolicismo reformado no es perfecto, pero felizmente podemos decir que en esta cuestión fundamental de la justificación hemos recuperado la enseñanza escritural y patrística sobre el tema.

Justicia impartida o imputada

La palabra latina *justificari* ("justificar") fue inventada por los primeros cristianos de habla latina para traducir las palabras hebrea y griega para "justificar". Etimológicamente hablando, *justificari* se compone de dos palabras, *justum* y *facere*, que juntas significan "hacer justo" y, aunque no era una traducción pésima del hebreo y del griego, tampoco era muy buena, y dejaba abierta la puerta a ser malinterpretada en generaciones posteriores, que es exactamente lo que ocurrió. Con el tiempo, la justificación pasó a verse como un proceso por el que Dios hacía a alguien justo, especialmente a través de las buenas obras y del sistema sacramental de la Iglesia. Según el Concilio de Trento, los sacramentos completan la doctrina de la justificación, ya que son el medio por el que "toda verdadera justicia o empieza, o empezada se aumenta, o perdida se repara".[72]

En el capítulo 3, vimos un resumen de cómo funciona el sistema sacramental, indulgencias y el Purgatorio. Aquí, vuelvo a dar un resumen parecido, pero esta vez desde la perspectiva de la justificación. Una persona comienza el proceso de ser hecho justo a través del sacramento del bautismo, lo completa por medio del sacramento de la confirmación (administrada a la edad de la razón) y continua el proceso a través de las buenas obras y los sacramentos, especialmente el sacramento de la eucaristía. Este proceso puede ser inhibido al cometer pecados veniales y completamente anulado al cometer pecados mortales. Cuando una persona comete un pecado serio (especialmente un pecado mortal), es necesario ser restaurado por medio del sacramento de la penitencia, conocido históricamente como la "segunda tabla después del naufragio", a través del cual el pecador hace restitución por la ofensa. Los pecados veniales pueden ser absueltos por medio de la confesión verbal, mientras que los pecados mortales tienen que ser acompañados de actos de auto aflicción como ayunos, rezos, limosnas y obras adicionales de devoción. El proceso de ser hecho justo no llega a completarse antes de la muerte en la mayoría de los casos (momento en el que se administra el sacramento de la unción de los enfermos) y por consiguiente continua después de la muerte en el Purgatorio, donde se seguirán purgando de sus inclinaciones pecaminosas hasta que alcancen un estado perfecto de justicia y puedan, en consecuencia, entrar en la presencia de Dios. Sin embargo, en algunas personas este proceso se completa antes de morir y así todas sus buenas obras posteriores son obras de supererogación (i.e.,

---

[72] Heinrich DENZINGER y Peter HÜNERMANN, *El magisterio de la Iglesia: Enchiridion symbolorum definitionum et declarationum de rebus fidei et morum*, trad. Bernabé DALMAU *et al.*, 2ª ed. (Barcelona, España: Herder, 1999), 504 (*1600).

más allá y por encima de lo requerido) y se ponen a disposición de los demás para ayudarles a alcanzar un estado de justicia más rápidamente. El conjunto de estas obras de supererogación se denomina tesoro de méritos, que la Iglesia católica romana dispensa a voluntad, especialmente mediante indulgencias.

En contra de la enseñanza católica romana de la justificación está la enseñanza católica reformada. Nosotros entendemos que Dios perdona nuestros pecados y nos imputa la justicia de Cristo, y también nos imparte el Espíritu Santo para vivificarnos y santificarnos. Así pues, la justificación no es un proceso por el que Dios nos hace justos —aunque ciertamente también lo hace, pero en la santificación—, sino más bien un momento en el que perdona nuestros pecados y nos declara justos en base a la justicia imputada de Cristo. La concepción protestante de la justificación ha redescubierto el glorioso escándalo del Evangelio tal y como se encuentra en la Escritura y en la Iglesia primitiva. Veamos cada una de ellas por separado.

Escritura

Uno de los acontecimientos más importantes en el redescubrimiento de la enseñanza bíblica sobre la justificación se produjo gracias a la recuperación de la lengua griega en occidente a finales del siglo XV y comienzos del XVI. Con la caída de Constantinopla en 1453, los eruditos griegos llegaron en masa a occidente. A medida que los occidentales comenzaron a aprender griego y a leer el Nuevo Testamento en su lengua original, comenzaron a ver errores en la *Vulgata* latina, uno de los cuales fue la palabra que vimos anteriormente: *justificare*. Se dieron cuenta de que la palabra griega *dikaioo* ("justificar") no significaba "hacer justo", sino "declarar justo" o "imputar justicia", como hace un juez en un tribunal: él no *hace* justo al acusado, sino que lo *declara* justo.

Hay muchos textos en la Escritura que abordan diversos aspectos relacionados con la justificación, pero probablemente los más importantes sean Romanos 3:21–4:8, Gálatas 3:7–14 y Filipenses 3:4–11. Romanos 3:21–4:8 es crucial para el argumento de Pablo en la primera parte de Romanos: durante los primeros tres capítulos ha estado argumentando que todos estamos muertos en nuestros pecados y somos incapaces de vivir de acuerdo a la norma que Dios ha establecido para nosotros, y aquí ofrece la solución de Dios al problema del pecado. El gran escándalo del Evangelio es que, mediante la cruz, Dios imputa nuestra injusticia a Cristo y la justicia de Cristo a nosotros. Los versículos iniciales del capítulo cuatro plantean la cuestión fundamental de cómo se produce este intercambio: ¿Es por las obras o por la fe? La respuesta de Pablo es clara: "Ahora bien, al que trabaja no se le cuenta el salario como un regalo, sino como deuda. En cambio, al que no se basa en sus obras, sino que cree en aquel que justifica al impío, su fe le es tenida en cuenta como justicia". Gálatas 3:7–14 es similar al pasaje de Romanos que acabamos de ver y subraya de nuevo el hecho de que somos justificados por la fe.

Filipenses 3:4–11 tiene un enfoque diferente, pero es de vital importancia para entender la justificación. En este pasaje, Pablo enumera todas las cualidades positivas y buenas obras que tenía en su haber, que la mayoría de las personas habría considerado como cosas de las que estar orgulloso. Sin embargo, Pablo las considera como nada (de hecho, las llama "basura") para ganar a Cristo y tener *su* justicia, como dice en el versículo nueve: "y ser hallado en él, no por tener mi propia justicia, que se basa en la ley, sino la que se adquiere por medio de la fe en Cristo, la justicia que procede de Dios y se basa en la fe". La razón por la que esto es significativo es que muestra que nuestra salvación está basada en la justicia de Cristo que Dios nos concede por la fe, no en nuestra propia justicia que supuestamente aumenta con el tiempo a medida que Dios nos "hace" justos.

No malinterpreten este último punto: realmente Dios nos hace justos, pero hacernos justos es diferente a declararnos justos. La palabra "justificación" se refiere a que Dios nos declara justos mediante la imputación de la justicia de Cristo, y la palabra "santificación" o "regeneración" se refiere a que Dios nos hace justos mediante el poder del Espíritu. Estas dos ideas deben distinguirse, pero nunca pueden separarse: a aquellos que Dios justifica, también los santificará.

Parte de la razón por la que esta enseñanza resultaba tan amenazadora en la Iglesia occidental del siglo XVI eran sus implicaciones: si nuestra justificación se basa en la justicia imputada de Cristo, las indulgencias y el Purgatorio resultan innecesarios y el sistema sacramental debe replantearse por completo, lo cual implicaba un duro golpe para los ingresos económicos y para la autoridad de la Iglesia. No es casualidad que la campaña de Martín Lutero para reformar la Iglesia comenzara en 1517 con un ataque contra el Purgatorio y las indulgencias: en ese momento de su desarrollo teológico, estaba observando una contradicción entre lo que leía en los Salmos y en Romanos, por un lado, y la enseñanza de la Iglesia sobre la justificación, las indulgencias y el Purgatorio, por otro. Poco después de esta primera llamada a debatir la cuestión, llegó al meollo del tema: la justificación es por la fe, no por las obras.

Tradición

La interpretación de la Iglesia primitiva de la justificación ha sido objeto de debate durante quinientos años, y parece haber pocas dudas de que esta situación vaya a cambiar pronto. Sin embargo, creo que está claro que muchos cristianos de la Iglesia primitiva tenían una interpretación de la justificación que anticipaba lo que los reformadores del siglo XVI dirían un milenio más tarde. Por razones de espacio, aportaré solo una cita de cada uno de los primeros cinco siglos de la Iglesia.

Del primer siglo, esto es lo que Clemente, el pastor principal de la iglesia de Roma, tenía que decir sobre la justificación de los santos veterotestamentarios y su aplicación a nosotros:

> Por tanto, todos fueron glorificados y engrandecidos no por ellos mismos ni por sus obras ni por la justicia que procuraron, sino por la voluntad de Aquel. Y nosotros, consiguientemente, habiendo sido llamados en Cristo Jesús por su voluntad, no hemos sido justificados por nosotros mismos ni por nuestra sabiduría o conocimiento o piedad u obras, sino por la fe por la que Dios todopoderoso justificó a todos desde la eternidad.[73]

Del segundo siglo, un autor anónimo escribió una carta a Diogneto, en la que dijo lo siguiente de la justificación y del "benévolo intercambio" de la imputación de nuestros pecados a Cristo y de la justicia de Cristo a nosotros:

> ¿En quién podíamos ser justificados los inicuos y los impíos sino tan sólo en el Hijo de Dios? ¡Benévolo intercambio! ¡Inescrutable creación! ¡Inesperados beneficios! ¡La iniquidad de muchos quedó oculta en el único justo, y la justicia de uno justificó a muchos inicuos! Así pues, mostró en el tiempo establecido que nuestra naturaleza era incapaz de alcanzar la vida y ahora manifestó al Salvador, capaz de salvar incluso lo que no se puede. Por ambos medios quiso que creyéramos en su bondad y que lo consideráramos Sustentador, Padre, Maestro, Consejero, Médico, Inteligencia, Luz, Honor, Gloria, Fuerza, Vida, para que no nos preocupemos ni del vestido ni del alimento.[74]

Del tercer siglo, Cipriano de Cartago escribió lo siguiente de cómo Dios imputa la justicia a los cristianos por la fe:

---

[73] Clemente de Roma, *Carta de Clemente a los corintios*, en Juan José AYÁN (ed.), *Padres apostólicos*, 2ª ed. (Madrid: Ciudad Nueva, 2020), 168 (32.3–4; texto ligeramente modificado).

[74] *A Diogneto*, en AYÁN, *Padres apostólicos*, 566–567 (9.4–6).

Y aquella primera bendición dada a Abraham se extendía a nuestro pueblo. Pues si Abraham se fio de Dios y eso se le imputó como justicia, también todos los que creen en Dios y viven en la fe son tenidos por justos y ya mucho tiempo antes aparecen bendecidos y justificados en el fiel Abraham, como lo prueba el apóstol san Pablo cuando dice [cita Gl 3:6–9].[75]

Se podrían citar muchos autores del siglo cuarto, pero he decidido incluir a Gregorio de Nisa por su poderosa ilustración sobre la imputación de nuestro pecado a Cristo y la imputación de su justicia a nosotros:

...el Esposo que, en su amor, viste de belleza a su Amada. Porque ella dice: "No os maravilléis de que la Justicia me haya amado. Maravillaos más bien de que, cuando yo estaba oscura por el pecado y en casa en la oscuridad a causa de mis obras, él, con su amor, me hizo hermosa, cambiando su propia belleza por mi fealdad. Por haber transferido sobre sí la inmundicia de mis pecados, compartió conmigo su propia pureza y me hizo partícipe de su propia belleza, el que primero hizo algo deseable de quien había sido repulsiva y así actuó con amor".[76]

Del siglo quinto, Cirilo de Alejandría, que habló a menudo de la justificación y la vinculaba a su elevada visión de Cristo, dijo lo siguiente de la gracia de Dios, la justificación y la fe:

No te turbes cuando medites en la grandeza de tus pecados anteriores; sino más bien sabe que aún mayor es la gracia que justifica al pecador y absuelve al impío. La fe en Cristo, entonces, resulta ser la prenda para nosotros de estas

---

[75] Cipriano de Cartago, *Cartas*, trad. María Luisa GARCÍA SANCHIDRIÁN (Madrid: Editorial Gredos, 1998), 156 (62[63].4; texto ligeramente modificado).

[76] Traducción del inglés: Gregorio de Nisa, *Homilies on the Song of Songs*, trad. Richard NORRIS JR. (Atlanta, GA: Society of Biblical Literature, 2012), 50–51.

grandes bendiciones: porque es el camino que conduce a la vida, que nos invita a ir a las mansiones de arriba, que nos eleva a la herencia de los santos, que nos hace miembros del reino de Cristo.[77]

Se podrían aportar muchos testimonios más, pero creo que la cuestión está clara: la interpretación que tenía la Iglesia primitiva de la justificación anticipaba en muchos aspectos lo que defenderíamos posteriormente los católicos reformados, a saber, que la justificación es solo por la gracia, solo a través de la fe, solo en Cristo, y que implica el perdón de nuestros pecados, la imputación de nuestros pecados a Cristo y la imputación de la justicia a Cristo a nosotros.

Una interpretación católica reformada de la justificación

No tengo mucho que decir aquí que no haya dicho ya más arriba. La justificación es el perdón de nuestros pecados y la imputación de la justicia de Cristo a nosotros, que obtenemos solo por la gracia, solo por medio de la fe, solo en Cristo. Paralelamente a la justificación está la impartición del Espíritu, quien nos vivifica y santifica. Puesto que hemos sido unidos a Cristo mismo y puesto que su justicia es nuestra, los sacramentos no existen para aumentar nuestra justificación, no hay un Purgatorio después de la muerte en el que somos purgados lentamente de nuestras restantes inclinaciones pecaminosas y las indulgencias no nos pueden librar del Purgatorio. Celebramos los sacramentos y otros ritos sacramentales como parte de nuestra santificación. Reconocemos que se puede ver esta vida como cierto tipo de "purgatorio"

---

[77] Traducción del inglés: Cirilo de Alejandría, *A Commentary upon the Gospel According to S. Luke*, primera parte, trad. R. Payne SMITH (Oxford: Oxford University Press, 1859), 161 (com. sobre Lc 7:36–50).

en el sentido de que Dios nos va purificando para que seamos más como Cristo, y también reconocemos cierto tipo de "purgatorio" que es instantáneo cuando entramos en la presencia de Dios y le vemos (1 Jn 3:2), pero no es así como el catolicismo romano entiende estos conceptos.

Sin embargo, diría que muchos protestantes no entienden la asombrosa gracia que Dios nos ofrece en la justificación, y somos los más débiles por ello. Lo que Dios ha hecho es decirnos en el presente lo que pronunciará en el futuro, en el *eschaton*: que somos declarados justos. Usando una ilustración sencilla, no es que nosotros nos impulsemos desde el presente hacia el futuro, sino que es Dios quien tira de nosotros desde y hacia el futuro. Así pues, la relación entre la justificación y la santificación no es que nuestra justificación dependa de nuestra santificación, sino que nuestra santificación fluye de nuestra justificación. Juan captó la idea con precisión cuando escribió: "Y todo aquel que tiene esta esperanza en él, se purifica a sí mismo, así como él es puro" (1 Jn 3:3). Es la esperanza que procede de saber que "somos hijos de Dios" (1 Jn 3:2) lo que nos obliga a seguir adelante en nuestra santificación, y por eso toda la vida debería considerarse un paso de gratitud y adoración al Dios que nos salva.

TERCERA PARTE
CATOLICISMO REFORMADO

En la primera y la segunda parte del libro, he mostrado lo que los católicos reformados tenemos en común con los católicos romanos y los ortodoxos, y cómo defendemos nuestras diferencias con los católicos romanos basándonos en la Escritura y en la tradición de la Iglesia. En la tercera parte, me gustaría volver la mirada hacia dentro: en primer lugar, me gustaría hacer autocrítica y echar una dura mirada al mayor fracaso del protestantismo y, en segundo lugar, me gustaría exponer una visión de lo que creo que podría ser el catolicismo reformado en el mundo hispanohablante. Para esta visión, me basaré en gran medida en los reformadores españoles del siglo XVI, ya que creo que su equilibrio entre verdad y amor aporta el tipo de estabilidad y libertad que la Iglesia necesita —y que siempre ha necesitado— para encarnar la plenitud de Cristo y ser luz y sal en el mundo.

CAPÍTULO 11

El protestantismo actual

Un examen autocrítico

A estas alturas del libro, confío en que los lectores sabrán que soy un protestante convencido. Cuando combinamos la cosecha doctrinal del primer milenio de la primera parte del libro, con los datos bíblicos y tradicionales sobre los siete temas tratados en la segunda parte, creo que el catolicismo reformado es la mejor expresión del cristianismo. Dicho esto, sin embargo, no creo que el protestantismo sea una expresión perfecta, y de hecho, en mis momentos de desánimo me siento tentado a considerarlo poco más que la menos mala de las opciones disponibles. A pesar de sus puntos fuertes, el protestantismo tiene algunos defectos graves, y en este capítulo, me gustaría abordar el que creo que es el más grave de todos: nuestra falta de unidad.

El fracaso del protestantismo, nuestro talón de Aquiles por así decirlo, ha sido nuestra incapacidad para mantener una unidad visible. Esta ha sido la crítica fundamental y recurrente que los católicos romanos han lanzado contra nosotros durante quinientos años, y no hemos rebatido su acusación. Sí, es verdad que la acusación de que el protestantismo tiene más de 30.000 denominaciones es una exageración escandalosa, y que el número se acerca más a unas siete tradiciones principales —luterana, anglicana, reformada/presbiteriana, bautista, metodista, restauracionista y pentecostal—, con varios cientos de tradiciones menores que son subgrupos de éstas. Sin embargo, aún con este reducido número, el problema persiste: Dios es uno (Dt 6:4), Cristo rogó para que fuéramos uno (Jn 17:11), tenemos unidad en el Espíritu (Ef 4:3), y con todo no somos uno. Se supone que la unidad que estuvo presente en la creación y que estará presente por toda la eternidad debería manifestarse en la Iglesia ahora, particularmente en la Santa cena, y sin embargo muchas de nuestras denominaciones protestantes no tienen comunión entre sí.

Si los lectores vuelven a mirar la segunda imagen en la Introducción que visualiza la interpretación protestante de la historia de la Iglesia, verán que la flecha que representa el movimiento protestante no llega a volver al centro, donde sí que estaba la Iglesia del primer mileno. Este detalle fue intencionado de mi parte, y la razón principal por la que es así, es por nuestra falta de unidad. La Iglesia del primer milenio disfrutó de una unidad bíblica que nosotros no conocemos como católicos reformados. Si queremos ser más como la Iglesia neotestamentaria y primitiva, tenemos que ser uno.

Pablo reservó algunas de sus palabras más duras para la iglesia de Corinto, precisamente porque hubo divisiones entre ellos. En su contexto, la iglesia se estaba dividiendo entre los de Pablo, de Apolo, de Cefas y de "Cristo", que no es muy diferente de dividirse entre los de Lutero, los de Calvino, los credobautistas, los que hablan en lenguas, etc. ¿Acaso está Cristo dividido? ¿Murió Calvino por nuestros pecados? ¿Fuimos bautizados en el nombre de alguien que no sea Cristo? Cuando hay tantos celos, contiendas y disensiones, ¿no somos carnales? ¿no andamos como hombres? Hermanos míos, esto no debe ser así.

Para ser justos —y creo que este es un punto que suele escarparse a los no protestantes— ni los ortodoxos, ni los católicos romanos pueden presumir de una unidad perfecta:

hay más de una docena de tradiciones ortodoxas nacionales diferentes, a menudo con jurisdicciones que se solapan, y la iglesia católica romana tiene docenas de grupos como franciscanos, dominicos, jesuitas, Opus Dei, sedevacantistas, antiguo rito latino, liberales y montones más, muchos de los cuales anatemizan a otros grupos, rompen la comunión e incluso han llegado a la violencia física en sus debates. Por tanto, no es correcto suponer que el protestantismo es la única tradición cristiana que tiene problemas con la unidad.

Sin embargo, este libro no trata de católicos romanos y ortodoxos, sino de católicos reformados, y si es cierto que nosotros hemos descubierto el Evangelio como afirmamos haber hecho, entonces deberíamos ser también la tradición cristiana que muestre mayor grado de unidad. Hasta cierto punto, lo hemos hecho: por ejemplo, bautistas, presbiterianos, anglicanos y otros se invitan mutuamente a predicar en sus iglesias, celebran conferencias juntos, permiten los matrimonios interdenominacionales, se unen en campañas evangelísticas, colaboran en sociedades misioneras y bíblicas, se reconocen mutuamente como iglesias verdaderas y practican la comunión abierta. Recientemente, incluso han tenido lugar celebraciones interdenominacionales de la Santa cena, algo que habría sido impensable en el siglo XVI. Todo ello es una maravillosa muestra del amplio consenso doctrinal, litúrgico y ético que compartimos.

Pero todo esto se queda corto en comparación con lo que Dios desea para su Iglesia una, santa, católica y apostólica. Lo que él quiere es la más completa expresión de unidad que nos sea posible alcanzar, y esto incluye la unidad sacramental e institucional. Hasta aquí, hemos podido expresar nuestra unidad invisible reconociendo a otras denominaciones como iglesias verdaderas, pero tarde o temprano esta unidad invisible tiene que manifestarse en una unidad visible: tenemos que encontrar la manera de mostrar, a nivel externo e institucional, que somos una sola Iglesia. Desde hace aproximadamente un siglo, las principales ramas del cristianismo mantienen un dialogo ecuménico, tanto en buenas como en malas maneras. Quizá haya llegado el momento de que los protestantes hispanohablantes demos pasos serios hacia una mayor unidad y, en el siguiente capítulo, me gustaría sugerir algunas formas de hacerlo.

CAPÍTULO 12

Un llamado al catolicismo reformado

En cierto sentido, todo el libro se ha ido construyendo hasta llegar a este punto: una visión católica reformada para los protestantes de habla hispana. Si hemos de abrazar nuestra identidad como plenamente católicos en la línea del primer milenio de la historia de la Iglesia, así como plenamente reformados en la línea de la Reforma protestante, surge naturalmente la pregunta: ¿qué aspecto tiene esa identidad en la práctica? No pretendo ofrecer la respuesta definitiva a esta cuestión, pero sí la mejor a la que he llegado tras muchos años de reflexión.

Para empezar, necesitamos volver al consenso patrístico que expliqué en la primera parte del libro, y necesitamos hacerlo de dos maneras. Primero, y lo más obvio, tenemos que abrazar su doctrina, piedad y ética. El consenso patrístico es muy favorable al catolicismo reformado, y nos proporciona una base sólida sobre la que podemos seguir construyendo en el futuro. Segundo, y de igual importancia o más, necesitamos redescubrir cómo y por qué llegaron a su doctrina, piedad y ética. No basta con cortar y pegar el consenso patrístico en la Iglesia del siglo XXI, como si la teología hubiera llegado a su conclusión en el siglo V y nuestro único trabajo fuera reproducirla hasta el regreso de Cristo. Más bien, tenemos que redescubrir su forma de teologizar y observar por qué creían, adoraban y vivían como lo hacían, para saber cómo evaluar las épocas posteriores de la historia de la Iglesia y continuar el proceso de crecimiento y desarrollo en nuestro propio tiempo. Cuando consideramos la tradición de este modo, no es algo que se circunscriba al pasado, sino algo que debe perpetuarse en el presente y en el futuro. Lo que queremos descubrir es una tradición viva, no muerta.

En segundo lugar, tenemos que reconocer y respetar nuestra diversidad actual. Los protestantes hemos estado viviendo doctrinal e institucionalmente separados durante cientos de años y, aunque siempre debemos pedir, y esperar, que el Espíritu Santo haga milagros, parece poco probable que podamos deshacer nuestra separación de la noche a la mañana. Esperar la unidad inmediata está más cerca de la mentalidad de los radicales que de la de los sabios. El cambio llegará, pero tenemos que esperar a que Dios prepare a su pueblo para el cambio que él quiere, cuando él quiera producirlo.

Lo que propongo aquí, por tanto, se puede considerar un primer paso hacia una visión más plena de la unidad católica reformada, especialmente para la Iglesia de habla hispana. He sido formado especialmente por Juan Díaz, Casiodoro de Reina y Antonio del Corro, y por eso los incluiré en mis comentarios posteriores. Confío en que ellos reconocerían su propia visión en lo que digo y, en ese sentido, todos podemos seguir sus indicaciones, no las mías. Para facilitar el seguimiento del material, he dividido mis comentarios siguiendo la línea del consenso patrístico: fe (doctrina), esperanza (liturgia) y amor (ética).

Fe (doctrina)

En primer lugar, y de fundamental importancia, necesitamos seguir el consejo de Juan Díaz y afirmar los tres credos ecuménicos —el apostólico, el niceno y el de Atanasio—, los cuatro concilios ecuménicos —Nicea I, Constantinopla I, Éfeso y Calcedonia— y "otros" que concuerden con la Escritura. Creo que los católicos reformados podemos sentirnos cómodos afirmando los concilios ecuménicos quinto y sexto, pero esto no tiene mayor importancia, y en todo caso, el protestantismo histórico se ha centrado en los primeros cuatro. La afirmación de estos credos y concilios tiene muchos beneficios, de los cuales mencionaré tres. En primer lugar, hace explícito lo que muchos creen de manera implícita. Me refiero sobre todo a evangélicos de la tradición baja iglesia que creen implícitamente las doctrinas fundamentales de la Trinidad y la Encarnación, pero no las afirman explícitamente. Afirmar estos credos y concilios resultará esclarecedor y edificante. En segundo lugar, los credos nos presentan las doctrinas que son de importancia principal. Pensando de nuevo en los evangélicos de la tradición baja iglesia, es fácil que algunas iglesias pierdan el rumbo y empiecen a pensar que cuestiones secundarias son principales, y viceversa. Por ejemplo, se han fundado denominaciones eclesiales enteras debido a diferencias en escatología, estilos de culto e indumentaria de los pastores al predicar. Estas son cuestiones secundarias y, aunque importantes por derecho, distraen de la enseñanza principal del cristianismo: las Personas del Padre, el Hijo y el Espíritu y su obra redentora. Nuestra unidad descansa en Dios y en su obra, no en doctrinas secundarias y terciarias. En tercer lugar, algunas doctrinas han gozado de un apoyo tan amplio, por parte de tanta gente, durante tantos siglos en la Iglesia, que son doctrina establecida. Es el caso de doctrinas afirmadas en los credos ecuménicos, concretamente la Trinidad y la Encarnación. Esto proporciona a las iglesias una base sólida a partir de la cual pueden construir, y les ahorra tener que empezar desde cero con cada generación.

Pero no basta con afirmar los credos ecuménicos de la época patrística: también tenemos que afirmar la doctrina protestante de los siglos XVI y XVII. Sin embargo, hay una importante diferencia entre lo que he dicho anteriormente sobre los credos ecuménicos y lo que estoy diciendo ahora sobre las confesiones protestantes: en relación a los credos ecuménicos tenemos que insistir en una suscripción completa porque disfrutan de aprobación universal de haber interpretado correctamente la enseñanza central de la Escritura, pero con las confesiones protestantes debemos permitir cierta flexibilidad y gracia, tanto dentro como fuera de nuestra denominación particular. La razón es doble. En primer lugar, estas confesiones no fueron aprobadas por toda la Iglesia, sino solo por una parte de ella y, por tanto, no tienen el mismo peso de autoridad que los credos ecuménicos. En segundo lugar, desde el punto de vista práctico, si queremos superar alguna vez nuestras divisiones, debemos estar dispuestos a admitir que nuestra confesión particular puede no tener razón en todo o puede no haberlo expresado todo de la mejor manera posible. No creo que ninguno de nosotros esté dispuesto a decir que absolutamente todo lo que creemos sobre Dios y la Biblia es correcto, así que ¿por qué deberíamos pensar que grupos relativamente pequeños de protestantes de los siglos XVI y XVII tenían razón en absolutamente todo lo que escribieron en sus confesiones?

Imagino que no todos los lectores conocen las confesiones protestantes, así que permítanme ofrecerles una lista de ocho de las más importantes de los siglos XVI y XVII, junto con sus afiliaciones denominacionales: la Confesión de Augsburgo (luterana), la Segunda Confesión helvética (reformada), la Confesión escocesa (reformada), la Confesión francesa (reformada), la Confesión belga (reformada), los 39 Artículos (anglicana), la Confesión de Westminster (reformada) y la Segunda Confesión bautista de Londres (reformada).[78] Además de estas ocho, los protestantes de habla hispana deberían tomarse en serio la "Declaración, o confesión de fe" de Casiodoro de Reina. La primera versión fue escrita en 1560 o 1561 y era reformada; la segunda fue publicada en 1577, y quizás esta (en algunos casos puntuales) tenía una tendencia más luterana, pero el objetivo de Reina siempre fue ser lo más ecuménico posible, en el mejor sentido de la palabra. De hecho, su iglesia originalmente se reunía en la casa del obispo de Londres (anglicano), y ciertos elementos de su confesión pueden haberse inspirado en el movimiento anabaptista, y si esto es así, la confesión de Reina sería un raro ejemplo de una confesión de fe del siglo XVI influida por todas las grandes ramas del protestantismo. El hecho de que la confesión de fe de Reina siga siendo prácticamente desconocida para los protestantes de habla hispana es una tragedia, sobre todo dada la calidad de la obra. Una vez recuperada, no caerá rápidamente en el olvido.[79]

El consejo que he dado —que los protestantes de habla hispana deben adoptar una confesión reformada y ser caritativos con los que son de otras confesiones— obviamente no es la solución definitiva a nuestro problema de unidad, pero lo ofrezco por dos razones. En primer lugar, es mejor que lo que tenemos ahora. Actualmente, muchos protestantes no suscriben ninguna confesión histórica, sino más bien una

---

[78] No es mi intención excluir otras confesiones de siglos posteriores como los 25 Artículos de religión del metodismo, que son un resumen de los 39 Artículos de la Iglesia anglicana. Más bien, mi intención es hacer hincapié en la importancia de beneficiarse de la gran cosecha doctrinal de los ss. XVI y XVII, y de apropiárselo en el presente.

[79] *Credo. La confesión de fe de Casiodoro de Reina*, ed. Andrés MESSMER y el equipo Credo (Trujillo, Perú: Translation Committee, 2023).

declaración doctrinal minimalista que puede caber en una o dos páginas. Por tanto, como mínimo, suscribir cualquier confesión de fe protestante sería un paso en la dirección correcta. En segundo lugar, suscribir una confesión de fe y, al mismo tiempo, ser caritativos con los de otras confesiones, es lo que hicieron los reformadores españoles como Casiodoro de Reina y Antonio del Corro, y su meditada postura merece ser tenida en cuenta hoy en día, especialmente entre los protestantes de habla hispana.

Poner en práctica este equilibrio entre afirmar una confesión (verdad) y ser caritativo con otros (amor), es un equilibrio delicado, y no pretendo tener todas las respuestas correctas. Sin embargo, me gustaría ofrecer cuatro consejos que podrían ser útiles. Primero, no debemos tratar nuestra confesión, catecismo o tradición como si fueran un quinto Evangelio. Esto viene directamente de la carta de Antonio del Corro a la iglesia luterana de Amberes que, según del Corro, estaba haciendo exactamente eso. Él quería la paz entre las dos iglesias, pero el pastor luterano de la ciudad no estaba dispuesto a mostrar ninguna gracia ante las pequeñas diferencias entre su iglesia y la de del Corro, por lo que había un conflicto constante entre ambas. Antonio recordó a los luteranos que la Confesión de Augsburgo, por magnífica que fuera, había sido escrita por hombres falibles y, por tanto, podía estar equivocada en algunos puntos. Si estamos dispuestos a admitir lo mismo acerca de nuestra propia confesión, esto debería impedirnos elevarla al mismo nivel de la Escritura, lo que es coherente con todo lo que he venido diciendo a lo largo de este libro: la tradición, incluso la de nuestra denominación particular, es inferior a la Escritura.

En segundo lugar, deberíamos celebrar la gran cantidad de acuerdo que tenemos con quienes suscriben otras confesiones. De nuevo, esto viene del ejemplo de Antonio del Corro durante su tiempo en Amberes. Él era pastor de la iglesia reformada y, como gesto de unidad y en un intento por promover la paz entre su iglesia y la luterana, estuvo de acuerdo en aceptar la Confesión de Augsburgo y "suscribir los artículos, que en buena conciencia nosotros podríamos recibir, y los demás interpretarlos según nuestra inteligencia. Lo cual hemos hecho, y sacaremos a la luz para la edificación de la Iglesia, a fin de que cada uno pueda ver, que la disensión entre nosotros no es tan grande como algunos hacen entender al pueblo".[80] No conozco ningún estudio científico que se haya llevado a cabo al respecto, pero imagino que si tomáramos las nueve confesiones de fe veríamos que están de acuerdo en el 95% de lo que dicen, quizá más. Se trata de una enorme cantidad de acuerdo, y deberíamos celebrarlo.

En tercer lugar, debemos ser moderados sobre los puntos más delicados de la teología, que es donde normalmente tenemos nuestros desacuerdos. Esto viene directamente de los escritos de Casiodoro de Reina cuando estaba debatiendo su punto de vista sobre la Santa cena con Teodoro de Beza, o más bien, intentando evitar el debate sobre el tema. En esencia, sostenía que las discusiones sobre los puntos más delicados de la Santa cena —y por extensión, los puntos más delicados de otras doctrinas en debate dentro del protestantismo— son tremendamente complejas y dificultan que la mayoría de las personas lleguen a convicciones tan claras que estén dispuestas a separase por ellas. Por ejemplo, si tomamos el caso de la Santa cena, casi todos los protestantes afirmaban la presencia de Cristo en el pan y el vino y todos negaban la transustanciación, y este era el acuerdo básico que Reina quería afirmar. Sin embargo, cuando vio

---

[80] Antonio DEL CORRO, *Carta a los pastores luteranos de Amberes*, en Emilio MONJO (coor.), *Antonio del Corro. Carta a los pastores luteranos de Amberes. Carta a Felipe II. Carta a Casiodoro de Reina. Exposición de la obra de Dios* (Sevilla: Editorial MAD, 2006), 56 (§11).

a reformados y luteranos hablando sobre su forma particular de entender el modo de la presencia de Cristo con tanta confianza y acusando a la otra parte de sostener puntos de vista tachados de heréticos, pensó que el mejor camino a seguir era ejercer la moderación y permitir la diversidad de opiniones. Reina no quería impedir el tener convicciones que iban más allá del consenso protestante, pero sí que quería trazar una línea clara entre el consenso protestante y las convicciones personales.

En cuarto lugar, debemos dejar de dividirnos en torno a temas secundarios, como matices de la teología de la Santa cena, el bautismo, hablar en lenguas y otros temas que nos parecen más importantes de lo que son. Una vez más, el Evangelio —Dios y su obra en nuestro mundo— es lo que nos une como cristianos y es nuestra base de unidad. Este es un escándalo del que la mayoría de nosotros no somos plenamente conscientes: cuando rompemos la mesa de comunión, estamos diciendo que la otra persona o iglesia ha errado tan gravemente en doctrina y/o en práctica que ya no podemos afirmar que pertenezca a la comunidad redimida de Dios. Esencialmente estamos "entregándolos a Satanás para que su naturaleza pecaminosa sea destruida" (1 Co 5:5). Fíjense en las palabras de Casiodoro de Reina sobre las divisiones provocadas por pequeñas diferencias sobre la teología de la Santa cena: "¡ah dolor!, desde un símbolo de caridad inseparable y de amor mutuo se ha convertido ya para nosotros en materia de disidencia moral por la profanación ciertamente horrenda y aún no suficientemente advertida".[81] Se puede decir lo mismo de las otras doctrinas secundarias que nos separan. Sé perfectamente que el proceso de buscar unión entre las numerosas denominaciones protestantes va a causar muchos dolores de cabeza, pero la realidad actual

---

[81] Casiodoro DE REINA, *Comentario al Evangelio de Juan*, trad. Francisco RUIZ DE PABLOS (Sevilla: Cimpe, 2019), 206.

que tenemos está destituida de la gloria de Dios, no realiza la oración de Cristo y no demuestra la unidad que tenemos en el Espíritu. Tenemos que "procurar" mantener la unidad que ya tenemos (Ef 4:3). Este "procurar" implica un proceso arduo y difícil, pero también ofrece una recompensa tremenda: llegar "a la unidad de la fe y del conocimiento del Hijo de Dios, al hombre perfecto, a la medida de la estatura de la plenitud de Cristo" (Ef 4:13).

Nuestra realidad actual no es el futuro de la Iglesia de Dios, y no puede seguir siendo la realidad dentro del catolicismo reformado. Como sostuve en el capítulo seis, la Concordia de Wittenberg ofrece un camino para que los protestantes nos unamos en torno a las enseñanzas básicas sobre la Santa cena, pero también nos ofrece un ejemplo de cómo cristianos de diversos trasfondos denominacionales podemos buscar mayor unidad en otros temas que nos dividen. Esta era la esperanza a la que se aferraba Casiodoro de Reina, y su visión merece ser tomada en serio en la actualidad.

Volviendo al tema de la adopción de una confesión de fe, una vez que se ha decidido, es necesario reforzarla con un catecismo. La gran ventaja de un catecismo es que proporciona a los niños y a los nuevos creyentes una introducción comprensiva y sistemática a los fundamentos de la fe y la vida cristianas. Todos los catecismos importantes incluyen cuatro secciones principales —el Credo (apostólico o niceno), el Padrenuestro, los Diez Mandamientos y los sacramentos—, y algunos incluyen secciones adicionales como oraciones fijas, cómo comportarse en la iglesia y en la sociedad, etc. Muchos de nuestros hijos están siendo formados más por el mundo que por la Biblia, y la implantación de un catecismo en el hogar y en la iglesia puede actuar como una potente fuerza correctora. Hay muchos catecismos muy buenos y conocidos: los Catecismos Menor y Mayor de

Martín Lutero, el Catecismo de Heidelberg, el Catecismo de Ginebra y los Catecismos Menor y Mayor de Westminster. También hay muchos catecismos escritos por protestantes españoles que son muy buenos. Juan de Valdés, Constantino de la Fuente, Juan Pérez de Pineda y Casiodoro de Reina escribieron catecismos, y podrían servir a la Iglesia hispanohablante como otros catecismos han servidos a cristianos de otros idiomas. Como cualquier catecismo, estos no son perfectos, y como cualquier catecismo escrito en el siglo XVI, tienen que ser actualizados, contextualizados y adaptados a una audiencia del siglo XXI, pero lo importante a destacar es que, dentro de nuestra propia tradición protestante española, tenemos una gran riqueza de recursos con los que podemos formar a nuestros hijos y a los nuevos creyentes.

Esperanza (liturgia)

Debido a la historia del protestantismo en el mundo de habla hispana, es muy probable que la mayoría de los lectores de este libro tengan un trasfondo evangélico, pentecostal, restauracionista u otro tipo de la tradición baja iglesia y, aunque estos movimientos han hecho un enorme bien a la Iglesia, también tienen sus puntos débiles, uno de los cuales ha sido su abandono de la liturgia cristiana tradicional. La mayoría de los protestantes españoles siguen una liturgia que tiene sus orígenes en los siglos XVIII y XIX en los Estados Unidos y que adopta la siguiente forma básica: el culto comienza con el canto de varias canciones modernas, continua con un sermón de 30–60 minutos, termina con una invitación a responder y en general está caracterizado por su enfoque en el individuo. Hay algunos beneficios en adorar de esta manera —cultos atrayentes, sermones prácticos y un enfoque en la vida cristiana práctica—, pero también hay algunos defectos graves, como la ausencia regular de la Santa cena, poca o ninguna confesión de pecados, poca o ninguna lectura pública de la Biblia y de los credos ecuménicos, poco o ningún conocimiento de himnos históricos y una falta general de reverencia y temor ante la presencia de Dios.

Sin abandonar lo bueno que esta especie de liturgia tiene que ofrecer, los católicos reformados necesitamos tomarnos en serio la manera en que la Iglesia se ha reunido para el culto durante dos milenios. La estructura básica tiene un doble enfoque: la liturgia de la Palabra y la liturgia de la Santa cena. Durante la liturgia de la Palabra, la iglesia realiza varias lecturas de diferentes libros de la Biblia, normalmente una lectura del Antiguo Testamento, seguida de un Salmo responsorio recitado por la congregación, seguido de una lectura de una epístola del Nuevo Testamento, que a su vez es seguida por una lectura del Evangelio. A menudo las lecturas están relacionadas temáticamente con los tiempos litúrgicos del año eclesial y tratan de exponer a la iglesia a la obra del Padre, del Hijo y del Espíritu Santo en la redención, y así anunciar "todo el plan de Dios" (Hch 20:27). Suele resultar útil para los pastores que se lean ciertos textos antes de predicar, ya que preparan a la iglesia para el mensaje que sigue. Otra ventaja es que el sermón no lleva todo el peso de la edificación de la congregación el domingo por la mañana: pueden ser edificados por la lectura de la Escritura incluso si, por la razón que sea, no son edificados por el sermón. Después viene la liturgia de la Santa cena. Este se ha considerado históricamente el punto culminante del culto, y aunque los protestantes destacamos la suprema importancia de la Palabra, lo uno no tiene que sacrificarse ante lo otro. Siguiendo el ejemplo del Nuevo Testamento y de la Iglesia primitiva, celebrar la Santa cena semanalmente parece mejor, aunque algunas iglesias la celebran una vez al mes o al trimestre.

Con tanta diversidad en el mundo cristiano, sería inadecuado imponer una única liturgia en todas partes. Lo que sugiero, por tanto, es que cada iglesia o región encuentre la mejor liturgia que toma en serio la evidencia bíblica, el culto histórico y su contexto actual, para adorar a Dios y discipular a su gente. Hay muchas entre las que escoger, y las mejores liturgias son las que ayudan a las personas a adorar a Dios en espíritu, alma y cuerpo, y refuerzan las grandes doctrinas de la fe, como la Trinidad, la Encarnación, el don gratuito de la salvación de Dios y la presencia capacitadora del Espíritu Santo en la vida de la Iglesia. No importa dónde uno viva, creo que todos debemos considerar tomar más en serio el calendario litúrgico. Puede que haya algunos elementos cuya celebración incomode a algunos (especialmente la Cuaresma), pero la mayoría de los protestantes hemos desechado demasiado rápidamente todo el calendario (excepto la Navidad y la Pascua) y muchos de nosotros permitimos que las fiestas civiles, como el día de la madre y del padre, dicten los temas semanales del culto más que la tradición eclesial. Como cristianos, deberíamos seguir el ritmo del año cristiano, no el civil.

Amor (ética)

Afortunadamente, no tengo mucho que decir en cuanto a cómo debemos vivir los católicos reformados ya que, por lo general, este es uno de los puntos fuertes del protestantismo y, en cualquier caso, ya existe un amplio consenso acerca de que la conducta de los cristianos está enraizada en los Diez Mandamientos y en el Sermón del Monte.

Sin embargo, lo que sí tengo que decir es que hemos hecho un trabajo muy pobre a la hora de reflexionar sobre cuestiones éticas a un alto nivel académico. Hay muy pocos católicos reformados en el mundo de habla hispana que estén interactuando a los más altos niveles de pensamiento sobre cuestiones como el género, la inmigración, la economía, el aborto, la libertad religiosa y toda una serie de otras cuestiones de vital importancia. No solo debemos reforzar la comprensión de la Iglesia sobre estos temas, sino también influenciar nuestra cultura ofreciéndoles una visión de la moral más atractiva que la que ellos tienen.

Conclusión

En este libro he procurado hacer tres cosas. Mi primer objetivo ha sido demostrar que los protestantes no somos cristianos heréticos y cismáticos que no hacen más que "protestar" por ciertas cosas de la Iglesia católica romana, sino herederos de los primeros 500 a 1000 años de tradición cristiana y hemos seguido creciendo —en números y en madurez— durante los últimos 500 años. Mi segundo objetivo ha sido explicar por qué mantenemos ciertas doctrinas importantes que nos separan de la Iglesia católica romana. Tenemos dos protestas fundamentales sobre la obra del Espíritu Santo: la Iglesia una, santa, católica y apostólica y el perdón de los pecados. Estamos convencidos de haber interpretado correctamente la Escritura y, en la mayoría de los casos, la tradición de la Iglesia está de nuestra parte. Mi tercer objetivo ha sido ofrecer sugerencias plausibles para la mayoría de las iglesias protestantes de habla hispana sobre cómo podría ser una iglesia católica reformada del siglo XXI. La visión no es perfecta, pero creo que es mejor que la que tenemos actualmente, y puede prepararnos para una mejor respuesta que vendrá más adelante.

El Padre nos ha llamado a través del Hijo y nos ha capacitado a través del Espíritu para un conocimiento cada vez más profundo de sí mismo que se expresa en amor. Este es el futuro de la Iglesia de Cristo: abundar más y más en conocimiento y amor. Que esta visión nos impulse y nos eleve, hasta que nuestra fe y nuestra esperanza se hagan realidad, y todo lo que quede sea el amor.